辽河碑林碑刻选

刘晓标　主编

文物出版社

图书在版编目（ＣＩＰ）数据

　　辽河碑林碑刻选 ／ 刘晓标主编． －－ 北京 ： 文物出
版社，2017.1
　　ISBN 978-7-5010-4842-7

　　Ⅰ．①辽… Ⅱ．①刘… Ⅲ．①碑刻－汇编－盘锦
Ⅳ．①K877.42

　　中国版本图书馆CIP数据核字(2016)第282614号

辽河碑林碑刻选

主　　编：刘晓标

封面题签：苏士澍
责任编辑：张朔婷
责任印制：张　丽
摄　　影：李学军　房　亮

出版发行：文物出版社
社　　址：北京市东直门内北小街2号楼
网　　址：http://www.wenwu.com
邮　　箱：web@wenwu.com
经　　销：新华书店
制版印刷：北京图文天地制版印刷有限公司
开　　本：889×1194　1/16
印　　张：18.5
版　　次：2017年1月第1版
印　　次：2017年1月第1次印刷
书　　号：ISBN 978-7-5010-4842-7
定　　价：290.00元

前　言

　　这里不是长安，也能思接千古；这里不是曲阜，一样嘉会鸿儒。

　　在旧盘蛇驿辟一隅，绿水环抱，蒹葭簇拥，辽河碑林——中国唯一不断代碑林，随着新兴盘锦市的成长而成长，并与这块神奇的土地一道发展、完善、寻幽、筑梦。

　　辽河碑林占地 730 亩，1990 年规划，1993 年开始兴建。青砖碧瓦，气势恢宏；古风古韵，清雅化人。碑林由古代馆、近现代馆、当代馆、海外馆（在建）、毛泽东馆、碑廊六部分组成，现有刻石两千余片。更有辽金至民国古碑 20 座，其中两件国家一级文物，它们理所当然成为辽河碑林铄古切今的大动脉。

　　辽河碑林是盘锦地标性建筑，与辽河美术馆隔双台河相呼应，成为盘锦中国书法城的两只慧眼，给九河下梢的昔日南大荒注入浓厚的文化气息，是盘锦人的智慧与担当在改革开放大潮中的物化与升华。

　　百闻不如一见。朋友，你想徜徉中国书法艺术宝库么？你想探赏历代书法大家风范么？你想了解辽河口中国书法城更多自然与人文律动么？那么，盘锦是座很值得一去的小城；辽河碑林是本很值得一读的大书。

　　这本册子选录辽河碑林刻石百余，以飨读者。管中窥豹，疏误在所难免，敬请诲教。

二〇一五年十一月

中國遼河碑林　啟功

中華第一碑林　孔德成

中國遼河碑林　韓士澍題

编辑委员会

目　录

中国辽河碑林

中国辽河碑林坐落于盘锦市双台子区湖滨公园西端，占地近50万平方米，这里有上起新石器时代的陶文刻符，下至当代名家的法书精品，总计有碑刻2000余块，历经5000年的悠久历史。自它建成后，前来的参观者都说："看古代碑林到西安，看唯一不断代的碑林到盘锦。"原中国书法家协会主席、著名学者、书坛巨匠启功先生不仅为碑林亲笔题写"中国辽河碑林"，还亲自到盘锦为辽河碑林剪彩，这是他一生中最后一次离开北京。孔子第77代嫡传——台湾著名学者孔德成先生欣然命笔，题为"中华第一碑林"。

辽河碑林由碑展区、游览观赏区和游览服务区三部分组成，其中碑展区包括毛泽东书法艺术馆、古代馆、近现代馆、当代馆及二门碑廊。碑林在突出书法艺术的前提下，力求将我国的书法艺术与园林艺术、石刻艺术、建筑艺术及诗、词、歌、赋、奇文、趣联艺术融为一体，"以碑点园，以园托碑"。

走进辽河碑林，如同走进了一座集古今书法艺术于一体的宝库，首先映入眼帘的是宏伟壮观的正门牌楼，金黄琉璃、雕花脊梁、祥龙腾云、威武石狮，启功先生所书的"中国辽河碑林"匾额，更是格外的醒目和耀眼；走进辽河碑林，您可漫步寻味中国五千年历史中的遗文和墨迹。有殷商的古朴、秦汉的富丽、魏晋的神韵、隋唐的潇洒、宋元的风韵、明清的秀丽，令人流连忘返；走进辽河碑林，您可徜徉在绵延的回廊中，这里镌刻有距今约6000年的陶文符号，距今约5000年的图像文字，距今约3000年的甲骨文、金文，距今约2000年的汉隶，还有传世最早的墨迹本陆机《平复帖》，海内外仅存的智永《千字文》，大诗人李白传世的唯一墨迹《上阳台帖》，宋徽宗赵佶的《大草千字文》……人们不禁为历代书法艺术家的艺术造诣所倾倒。静观王羲之的妍美流变，张旭的豪放不羁，颜真卿的庄重森严，赵孟頫的清秀端丽，启功的中正清朗，毛泽东的大气磅礴……真可谓各领风骚，争芳斗妍。

毛泽东书法艺术馆位于碑林最里端，一侧为松柏苍翠，一侧为清水涟漪，主席的汉白玉雕像面向东方，神态安详，栩栩如生。馆内镌刻着主席的诗词手稿 10 件以及他书写的古诗词 18 件。如《沁园春·雪》、《满江红·和郭沫若同志》及古诗《将进酒》等行书、草书杰作，处处体现出伟大领袖的风度和气魄。此外，馆内还有周恩来、邓小平、刘少奇、朱德等老一辈革命家的墨迹 15 件，令人肃然起敬，叹赏不绝。

古代馆的匾额由杨仁恺先生题写。馆内收藏了历代名家书法精品 202 件。其中有百余件墨迹首次选刻上石，如李白《上阳台帖》、苏东坡《黄州寒食帖》、宋徽宗《大草千字文》、陆游《自书诗》、赵孟頫《归去来辞》、唐寅《落花诗册》等。

近现代馆的匾额由国学大师季羡林先生题写。馆内有革命先驱孙中山书写的"四方风动"，有我国现代文学巨匠鲁迅先生的自作诗词，有新中国文艺界领袖郭沫若先生书写的长卷《满江红·领袖颂》，还有国民党元老于右任先生书写的文天祥《正气歌》等。此外，还有吴昌硕、康有为、林散之、沙孟海等书法大家的作品林林总总，令人目不暇接。

当代馆的匾额由著名书法家沈鹏先生题写。馆内作品群英荟萃，各种书体一应俱全。而其中最具魅力者首推中国当代著名教育家、古典文献学家、书画家、文物鉴定家、红学家、诗人、国学大师启功先生的《论书绝句百首》，娴熟的笔法，清朗俊秀；发人深省的诗文，谈古喻今。还有舒同、赵朴初、臧克家、杨仁恺、刘炳森、李铎、佟韦、苏士澍等名家作品。

二门碑廊镌刻了历代书法巨匠的力作精品。王羲之"飘若浮云，矫如游龙"的韵律与启功先生"中正清朗，气定神闲"的风骨相互映衬。可谓满壁纵横，别有意境。

辽河碑林是全国占地面积最大的碑林，也是全国唯一不断代的碑林。碑林管理处坚持注重发挥碑林的存世、传史功能，一方面广泛收集盘锦及周边地区现存古碑刻的信息，为将来收藏奠定基础；另一方面尽可能增加馆内的古碑刻，提高碑林的传世价值。经多方努力协调、沟通，经省文化厅批准、省博物馆同意，由碑林管理处异地保管辽宁省博物馆所收藏的辽金至民国时期古碑刻 20 通。

2006 年 9 月，这批珍贵的国家级文物（古碑）由辽宁省博物馆运至辽河碑林保存。

这批文物是由辽宁省博物馆经过数十年、几代人的艰苦努力才征集到的，来之不易。最早的有辽代著名佛学大师、大昊天寺妙行大师萧志智行状碑（国家一级文物），清朝开国时期著名大学者、新满文创始人达海墓碑（国家一级文物），盛京钟楼碑，清诰封光禄大夫阿什布碑，还有几通是清朝皇帝的御制碑，每一通都是价值连城。这些古石碑凝聚着悠久的历史、灿烂的文化，从不同的角度反应了当时社会的政治、经济、文化等情况，具有很高的研究价值。此项举动改变了碑林只有新刻碑，没有古碑刻的现状，丰富了辽河碑林的馆藏，从而也推动了盘锦市的文物保护及盘锦市文化事业的发展。

中国辽河碑林是一座具有丰富文化内涵的艺术大观园，它反映出中华民族的悠久历史和灿烂文化。是我国几千年文化的延续，是取之不尽的文化宝库，用之不竭的艺术源泉。让我们于恬静中汲取古代书法艺术的精华，在游览中领略五千年文化积淀的厚重。

近年来，辽河碑林对盘锦的文化事业和旅游事业的发展起到了积极的推动作用，取得了明显的社会效益，是我市为数不多的人文历史景观资源之一。2002 年 5 月，碑林管理处被盘锦市委宣传部授予"盘锦市爱国主义教育基地"的称号；2005 年 8 月—2008 年 7 月，先后被市旅游局授予"盘锦市百姓喜爱十佳景区"、"优秀旅游景区"、"盘锦市名牌旅游区"等称号，被新闻媒体誉为"盘锦文化产业八大处"等称号；2008 年 7 月被市旅游局评为"盘锦旅游十大休闲度假基地"；碑林的彩色拓片被市旅游局评为"盘锦旅游特色纪念品"；2010 年5 月，辽河碑林被辽宁省科学技术厅、辽宁省科学技术协会授予"辽宁省科学技术普及基地"称号，是盘锦市在本次评选中唯一获此殊荣的单位，这是辽宁省政府对辽河碑林科普工作的一次肯定和认可。

2011 年，辽河碑林又被评为"盘锦市语言文字先进单位"。随着时间的推移和辽河碑林工作者的努力，碑林管理处将继续有效地保护和合理地利用碑林资源，发挥示范引导作用，提升盘锦的城市形象，成为对外宣传盘锦的一张亮丽名片。

从国内著名碑林所走过的道路来看，碑林的存在，本身就是积累文化的历史过程。"辽河碑林"四个字就是品牌，就是无形资产，它的价值会随着时间的推移与日俱增，文化的内涵、历史的厚重不断积累沉淀，最终体现文物独有的社会价值和经济价值，这也是辽河碑林发展的必然结果。因此，辽河碑林作为一项极具历史性、文化性和艺术性的工程，是不可能一蹴而就的，要作为一项传世工程来加以对待，经过几十年、几百年甚至几千年的岁月磨合，不断地更新、建设，才能在历史的长河中焕发出愈加耀眼的光芒。

碑林外景

碑林碑刻

大昊天寺妙行大师行状碑

　　此碑出土于北京郊区，1929—1930年由张学良购买并运抵抚顺元帅林，后调运至奉天国立博物馆（今辽宁省博物馆），2006年移至辽宁省盘锦市辽河碑林收藏。

　　碑文最早为1937年罗福颐收入《满洲金石志别录》，《奉天分馆藏汉魏晋以来墓志石刻录》、《全辽文》、《辽宁省博物馆藏碑志精粹》、《沈阳碑志》有著录。

　　碑石为白砂岩质，首身一体，龟趺座。碑全高322厘米，碑额高89厘米，碑身高184厘米，宽98厘米，厚23厘米，龟趺座高49厘米。碑额刻双龙。碑阳额题篆书"传戒妙行大师和尚碑"，碑文楷书，33行，满行72字，首题"大昊天寺建寺功德主传菩萨戒妙行大师行状碑"，末题"大定二十年中秋第四代门孙讲经比丘觉琼等建"。碑阴额题篆书"故妙行大师和尚碑"，碑文隶书，25行，满行58字。碑身断裂，左下角有残缺。碑文内容在辽乾统八年（1108年）撰成，但碑刻立于金大定二十年（1180年），是跨越辽金两朝的一通石碑。国家一级文物。

　　碑主人妙行大师，俗名萧志智，字普济，年寿81岁。自幼礼佛，后遇海岛守司空辅国大师，特荷教训，深厌尘俗，入于海寺出家。辽清宁五年十月初旬，到燕京，有秦越大长公主舍宅布施，之后，又得到懿皇后施钱十三万贯，辽道宗皇帝赐钱五万贯，兴建昊天寺。

全碑碑文：（碑文内容参照郝武文先生《金昊天寺妙行大师行状碑考》整理）

碑阳

大昊天寺妙行大师行状碑

大昊天寺建寺功德主传菩萨戒妙行大师行状碑。门人清摄大德讲经律论沙门即满编。涿郡石经比丘义藏笺书刻。师契丹氏，讳志智，字普济，国舅大丞相楚国王之族，其祖久随銮辂。师辽太平三年下生，生时神光满室，从帐顶出，高数十尺。扈从百官，远近咸睹，相与询求□□□□□□□□□□□一何异哉。师方生也，厥考坐于帐外，忽慈鸟入怀，师既生，鸟去矣。师甫三岁，未解语言，见邻舍家严设佛像，师就地俯伏，合掌虔敬，哀啼忘返。须令家中亦严像□□□□□□□□□□□取家中物奉之，或给□□。师既龀，有僧戏而诫曰，食肉殃堕，竟罢荤血，毕命不违。有秦越国大长主，乃圣宗皇帝之女，兴宗皇帝之妹，懿德皇后之母。知师性善于楚国□□□□□□□□五岁也。越妙年，遇海山守司空辅国大师赴阙，因得参觐。及蒙训教，深厌尘俗，恳祈出家。三请已，公主殊不许。师慕道逾切，数日不食。公主知师志不可夺，悯而从之。其父母曰："惟□□□□眷恋无已。"师曰："世之有□，谁能相救乎？"遂撒手渺云海。沧浪升鳌岛，依司空为师。弥年，执爨力春，沈淀充膳，孤行峭峭。年二十四，重熙十三年也。公主为师陈言乞戒，兴宗御批许登戒品□□严制。五夏方满，既精持□已，研赜性相，穷极胜谛。不以徒说为德，而力行为上。故如来有所呵制，毫发无差。师虽妙悟融心般若玄照，而胜愿捡洁。二十一种世间名誉，誓不沾身。道宗□□紫袍，竟以不侍珠疏，固辞，□加良抗。今云妙行，后人慕德，犹追朝命之称也。二，凡得所施，誓不已用。常住为家，秒若毫芒，无私蓄贮。三，衣盔色量，如羯磨法，矢死护持。四，常以十八种物随身。五，未尝露体。六，街行之履，不□金田。七，随佛官庭，未尝嗷唾。八，夜呪食水，济生无缺。九，手不捉钱宝。十，身不服□衣。十一，坐必加趺。十二，卧须右胁。十三，手不受女授。十四，大悲心陀罗尼等诵□□。十五，大藏佛菩萨名三千九百八十七尊，各大作三拜讫。十六，群居独处，跋涉川途，常以半月浴像，布萨发菩提心无间。十七，不乘车马，年逾八十，方有开许。十八，日止一食，年逾八十□□。十九，传三聚戒，自它俱利。二十，建八福田，悲敬双修。二十一，便溺弃遗，裙鞻皆改，水土澡净。其愿力坚勇，终无屈绕。未建寺前，几十年间，常行分卫，不受接请，常坐不卧。六时礼诵，受菩提心□，燃香一炷，影不落俗室，足不履□寺。不食酥酪、乳密、酵药之味。自起寺之后，胜缘拘碍，不获久行，方又遍历名山，咨参胜友。道过海北州凌河，于时抵暮，四望无人，惟挈一沙童。其水深浚，驶□渡越。师欲迴翔，投宿村坞。偶有一人呼师曰："我知浅濑在近，涉之无难。"其人状貌魁昂，伸臂请师徒凭之。水不濡衣，已及远岸。师欲辞谢，已失其人。后徇辽东所请，至南海州。寓宿逆旅，其处□浪浑浊，着自古昔。师解包释策，□□变清，镜涵澄澈。讥俗惊异。明日师去，河浑若初。先是怀柔之北一山，地多蛇虺。故号蛇山。师方隆冬，匡众于彼。春深暄煦，蛇虺起蛰，遍诸山麓。师曰此难□宜从之，有白项群鸦，衔蛇出山，□□迫尽。僧徒肃然，闻者叹服。师素蕴大愿，欲营大刹一区，而胜处未获。且先如法造经一藏，止以燕都随缘。诱化旬月之间，费用充足。凡役匠□事，各给净□齐戒。随酬价□言者，莫逆其染□□□皆护命放生。以糯米胶破新罹墨，方充印造。白檀木为轴，新罗纸为□，云绵为囊，绮绣为巾，织轻霞为条，斯苏枋为函。用钱三百万。谈笑之间，能事毕□。在后安厝于寺中，适值天火焚寺，□□间连经于阡陌，即日无暇收置。火后，遍语诸人，请经还寺，惟欠般若一轴。卒难询访。月余，有村翁梁永于惠济寺道周之左，获经一卷，如神力所策，直□师前拜纳，即所失之经也，昭应如□□。清宁五年，大驾幸燕，秦越长主首参大师。便云弟子以所居第宅为施，请师建寺。大率宅司诸物罄竭，永为常住。及稻畦百顷，户口百家，枣栗蔬园，井□器用等物，皆有施状。奏讫，准施。又□□□择名马

万匹入进，所得迴赐，示归寺门。清宁五年，未及进马，造寺，公主薨变。懿德皇后为酬母愿，施钱十三万贯，特为奏闻，专管建寺。道宗皇帝至□五万贯，敕宣政殿学士王行己□□□□其寺。制度一依大师心匠指划，祇如金铜标刹封立各十余尊。前古未有。以师巧慧造立，众皆悦服。寺成之日，道宗御书金榜，以大昊天为之名。其□因敕参知侍郎王观，论撰铭记□□□□□毫凤蹄龙骧，绚错金石。咸雍三年，既天火焚寺。于时留守同知尚父大王，飞书笺奏，使回紫宸青宫。论言抚问，云大师精心所造，妙比诸天，不期□降。制旨依旧修完。懿德皇后复为□□□□助之。不二三年，营缮悉就。虽国家两次造寺，兼檀信力，同皆大师缘化之厚也。咸雍六年，延寿太传大师攫人传付戒本，门人左僧录道谦等，徒众当代，英玉无瑕。紧妙行师真僧宝□□□□□，惟渠踵武。太传曰："然。"遂以戒本授师。自后随方开放，度人无数。顷尝两番，独办大会。其用什物，咸皆鼎新，洞殿莲炉，布盈五百。是日香云霭空，冉盖弥覆。大众八珍间错，盈积盘盂，□□□□。大师己力不假助缘。又每年春秋，大陈祀事。其食物荐用，花幢香炬，梵音鼓乐，严谨之最，甲于人间。兴供如此者多岁，而继日沈香，龙脑满炉，□香为□，遍散佛上。尝一次添香□□□□□□□随郡县，纠化义仓，赈给荒歉，凡有乞者，无使空回。太安九年，于寺中庭，师欲随力崇建佛塔，所用柱础，采范阳山石，每段盈载。运至漯河而惊涌，一车被溺，将非人力能驱。师乃□□□□□□□嘿祷，乞垂加护，如从梦觉，遣人临岸，水行异骛，乘载坦途。德感之异，岂可量哉。启土之后，年穀不登，日计二百余工，而廪室如悬磬。至第三日迫绝，师一夕绕塔焚香，至诚通感□□□□□□□火轮飞翔塔上，骇动凡目。明旦，施者闐溢衢路。比胜事落成，人无□弋。所触者，六檐八角，高二百余尺，论相横空，栏槛缥纱，可以肃神物，招□观于京阙。寿昌六年，示有微疾，俾门人□□□□□□从之。同讽右绕佛塔经塔，上出光亦随右旋。伊年八月九日，大师将化，首北面西，右胁而卧。师令左右，惟念弥陀，勿生瞻恋。师亦随念气□，于空明中，但闻铙鼓丝篁，焚呗交乡。足□□□□□仍暖。红光烛天，如云贯塔。师行既久，光渐隐灭。数旬之后，道俗骈集。投幡赠采，鸣螺操鼓。陈祭争先，了无旷日。京僚士庶，积□檀为薪，锻□盆者数十，盛满

杂香。七众奔驰，攀辕拥举。珠幢玉节，□翳道周。哀感悲凉，山川黯色。郊外焚之，烟辉五色。目睛明碧，牙舌不灰，高树白塔于荐福山阿。先师在时，欲于塔内镕铸丈六银佛，用□五万□才及万余，□所愿未果而终，门人右僧判通□大师因赴行在。圣孝皇帝降旨曰："先师造像之银，朕欲镕范等身观音，姑以金铜易像。当塔之阳，颇亦佳尚。"有司计其物直三万余贯，□库公给。像成之日，铜货有余。复诏郢匠，陶冶洪钟。铜斤巨万，一铸而就。式样规模，胜若天造。架诸隆楼，扣以桯杵，殷若雷动。乾统初，天祚皇帝以先师神速胜缘，尚欠余债。其年，追荐道宗仙□度坛，其所得赀八万余福，尽赐□□用酬先师身后□□。师寿八十一，腊五十八。乾统八年重午，门人即满状。

大定二十年中（秋）第四代门孙讲经比丘觉琼等建。

碑阴

中都大昊天寺妙行大师碑铭并序

当寺大圣安□□□□□广善撰　涿州学密教比丘义藏书

大师讳志智，字普济，姓萧。于降诞时，光□□□□皆异之。年二三岁见于佛像，合掌恭敬。每见苾□行化经过，必令家中以物施之。于髫龀时因间僧□食肉有罪能永戒之，以其善心知功德□□□。十五六也，后遇海岛守司空辅国大师。特荷教训，深厌尘俗，入于海寺出家。受具五夏已来，精究律部，又学经论。性相兼明，至于三千威仪，八□□□行盖无遗也。清凉十愿，师又过之。加以常行乞食，长坐不卧。立于大德，发于大心，遍游名山，广参胜友。兴常啼东迈善财南询，无以异也。其间神□□□，浑河变清，鸟衔蛇而出山，经遭火而还藏，灵感奇绝，不可得而论也。清宁五年十月初旬，车驾幸燕，有大长公主以宅为施。后懿皇后为母酬□施钱十三万贯，道宗皇帝又助赐钱五万贯，敕令宣政殿学士王行已相兴建寺。而提控之师又造金铜刹竿，蒙御书寺额，寔有光于释门也。其寺后□天火爇之，懿德皇后复施，道宗皇帝助缘。梵宇一新，不减于昔。师之缘力，故不可思议者也。后传延寿太传大师戒本弓左街僧录大令道谦之所□也。自而随方开甘露，放金刚戒，蒙化度者莫知其数。师常以饮食、香华、茶果、灯烛、螺钹、音乐、道场法会，而为佛学，曾无间然。以慈悲起义仓，已方便□贫者。如古

所谓维摩遗化，勿远持香积饭，明智视虚空，能满众生愿。师之所作，亦犹是也。师至太安九年，岁次癸酉秋八月十七日，又于九间殿后，□间堂前，创造宝塔一所，六檐八角高二百余尺，其祯祥昭著，故非凡情之所测度。此盖圣力之所加，被辨阿僧祇之供养，诚不可说不获严，足以绍僧伽而继澄观也。师得病之初，右绕六塔，令诸僧诵右绕佛塔经。于是塔放宝光，亦右旋也。寿昌六年庚辰岁八月初九日，大师将示寂，令左右念弥陀名□，乃首北面西，右胁而卧。师亦念佛，所渐微细，安然而化。四众皆闻空中音乐，往西而去。此定超升于净土也，塔复放光照于遐迩，久而方灭。师世寿八十一，夏腊五十八。道俗具威仪送之，香薪焚之，牙舌不灰，睛目全在，乃师平生清静修行之瑞应也。遂建灵塔于荐福山之阳，提点通辨大师济公以□虚老人为铭，不容辞免。铭曰：

猗欤妙行，潜心觉雄。□□尘境，早司性空。志持佛律，名达圣聪。定慧等学，经论俱通。直妄交徹，理事圆融。以如幻力，建大梵宫。幡飘日下，塔耸云中。□□异绩，阿育殊功。敷扬□□，接引群蒙。四方瞻仰，四众钦崇。高低普应，贵贱皆同。虽已衰老，愈能兴隆。燕之智者，辽之远公。涔苦节操，淡泊家风。□□□□，内绝初终。刻兹琬琰，□示无穷。

门人故提点□戒通悟大师赐紫沙门即□。门人故提点智周大师赐紫沙门即忍。

门人故提点□慧大师赐紫沙门即秀。门人故提点前管左街僧录判官大师赐紫沙门即遵。

门人故提□□□内左街僧录判□普济大师赐紫沙门即均。门孙故□□□□文通大师赐紫沙门圆理。门孙故提点前管内左街僧录传妙善德大师赐紫沙门圆因。门曾孙□□□前管内左街都僧录传戒通玄妙觉大师赐紫沙门善果。门曾孙提点传戒通微大师赐紫沙门善著。

门曾孙故提点前管内右街都僧录判官传戒圆通大师赐紫沙门善颖。习经比丘恒定。习论比丘觉□。寺主进律沙门善杰。尚座通悟大德沙门善清。都维那讲经沙门善序。

大□□□□□中秋望日门曾孙觉提点前临坛通辨大德赐紫沙门善济立石。玄孙讲经沙门觉琼同建立。

达海碑

　　此碑立于清康熙四年（1665年），1930年出土于奉天达海墓（今辽宁省沈阳市东郊达海墓），1933年经奉天教育厅藏于奉天故宫博物院，1936年并入奉天国立博物馆（今辽宁省博物馆），2006年移至辽宁省盘锦市辽河碑林收藏。

　　《奉天通志》259卷、《金石志》7卷、《沈阳市文物志》（1993年卷）、《满洲圣人达海之碑》、《满洲碑记》、《辽海文物学刊》（1997年2期）、《辽宁碑志》、《沈阳碑志》、《辽宁省博物馆藏碑志精粹》有著录。

　　碑石为竖式，首身分制，碑首浮雕二龙戏珠，边框雕刻龙珠纹，灰白色石质，龟趺座。碑首高109厘米，宽102厘米，厚42厘米，碑身高200厘米，宽92厘米，厚30厘米，龟趺座长190厘米，宽94厘米，高63厘米。碑额用满文、蒙文、汉文三种文字镌刻"诰封"二字。碑阳、碑阴均用满文、蒙文、汉文三种文字镌刻。国家一级文物。

　　碑主达海，隶属满洲正蓝旗，是满文的创始人。精通经史、典籍，为清初两朝帝王立下汗马功劳，天聪五年（1631年）赐号"巴克式"。死后谥"文成"，被推举为"圣人"。《清史稿》228卷有传。

释文：

碑阳

光禄大夫内阁大学士谥文成讳达海之碑。

碑阴

康熙四年岁次乙巳孟夏丁卯榖旦，内弘文院学士加一级孝男常格，参领刑部郎中加一级孝孙禅布，佐领加一级孝孙□□□□立。

盛京钟楼碑

碑石于清崇德二年（1637年）立于辽宁省沈阳城钟楼内，钟楼拆除后，收藏于奉天国立故宫博物院（今沈阳故宫博物院），1936年移交奉天国立博物馆（今辽宁省博物馆），2006年移至辽宁省盘锦市辽河碑林收藏。《沈阳碑志》有著录。

碑石为竖式，首身一体，青石质。碑高205厘米，上额72厘米，正身高133厘米，上额宽93厘米，正身宽79厘米，碑厚21厘米，方座长92厘米，宽50厘米，高43厘米。碑首刻画云龙纹，碑身边刻缠枝纹。碑额双线阴刻篆书"碑记"二字，碑身刻有满文、蒙文、汉文三种文字，正中双线阴刻汉文"宽温仁圣皇帝敕建"，有"大清崇德二年岁次丁卯孟秋吉旦"款。

释文：

碑阳

宽温仁圣皇帝敕建。

大清崇德二年岁次丁卯孟秋吉旦。

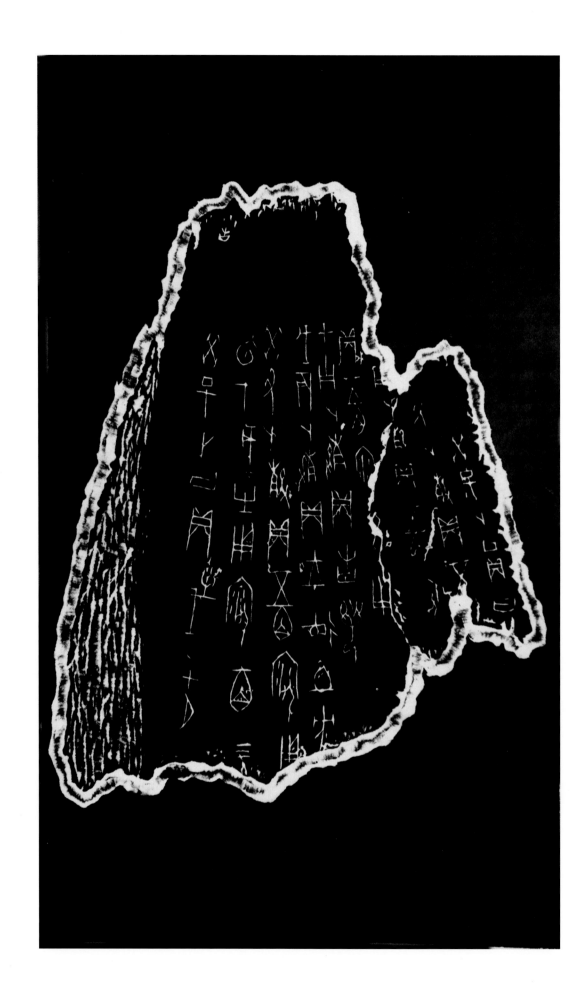

甲骨文

甲骨文是商周时期刻在龟甲兽骨上的文字。最初在河南安阳小屯村的殷墟出土，当时没有任何人重视。1899年古文字学者王懿荣发现有一味叫"龙骨"的中药上面有符号，遂进行深入研究，发现是商代卜骨。迄今为止，已先后出土十五万片甲骨，已发现的甲骨文单字在四千五百字左右，可以认识的有一千八百字。这些多数是商王朝利用龟甲、兽骨占卜吉凶时写刻的卜辞和与占卜有关的记事文字。为盘庚迁殷到纣灭亡二百七十三年间的遗物，是研究商代社会历史的主要资料。

自甲骨文被发现以来，这种文字有过多种名称，如骨刻文、龟甲文、契文、殷墟书契、卜辞、贞卜文等，但都不能准确、全面地反映它的本质和特征。后来的史学家和文字学家都称其为甲骨文字，简称甲骨文。现在，越来越多的人接受和使用这个名称，进而发展为一门学科——甲骨学，并为世界各国的汉学家所重视。

甲骨文大多刻在龟腹甲和牛肩胛骨上，也有部分刻在人头骨、鹿骨、虎骨等上面。从出土的甲骨上看，甲骨文多数是刻上去的，没有颜色，有一部分涂墨或涂朱；有少部分是用毛笔蘸墨或朱砂写上去的，但这些字通常比刻的字大一点。

甲骨文的文字结构不仅已经由独体趋向合体，而且有了大批的形声字，是一种相当进步的文字，但多数字的笔画和部位还没有定型。在可识的汉字中，甲骨文是最古的文字体系。

甲骨文在书法上，笔画平直利索，不激不厉，极其朴实纯正；在结体上以方折为主；在章法上强调对称，反映了原始艺术那种朴实率直的普遍特性。

甲骨文是具有完整体系的早期汉字，当时通用于我国中原地区。从写法上看，甲骨文和金文、帛书、简牍、石刻文等都有相关的脉络可循。之后，汉文字发展出籀文、篆书、隶书及行书、草书、楷书等。

辽河碑林选刻的"五百隶"甲骨刻辞出土于河南安阳小屯村殷墟遗址。刻辞为商武丁时期，内容为记述使用人牲"五百隶"事，是甲骨文中所记使用人牲数量最多的。字体劲健，清晰静穆，富有神采。

释文：

癸巳卜互贞曰／丑卜轂贞五百／子卜轂五百隶用／贞五百隶勿用／甲子卜轂贞告若／戊辰卜轂贞王循土方／癸丑卜轂贞五百隶用／旬壬戌有用隶百三月／癸巳卜互贞戈七月／小告。／

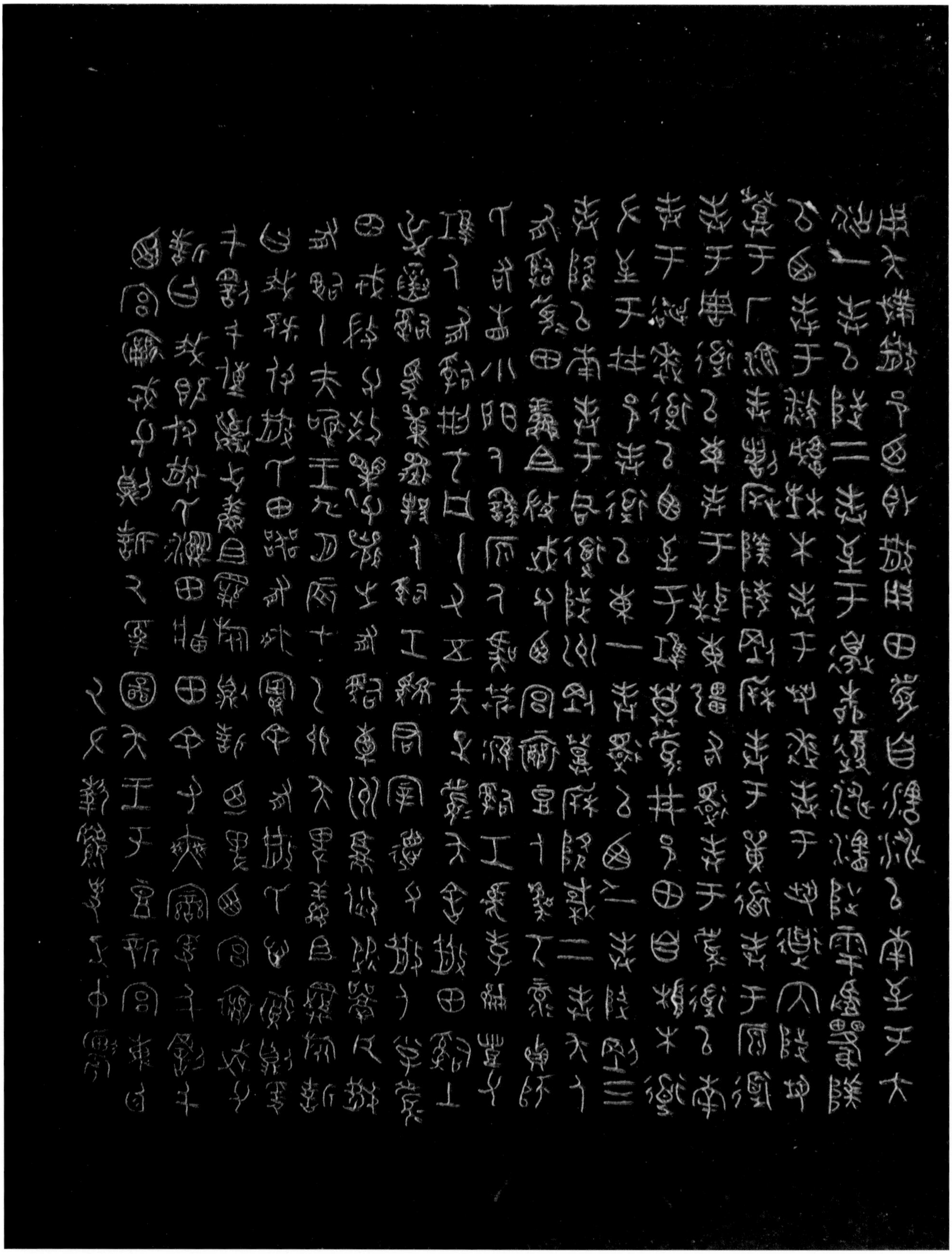

散氏盘

散氏盘，亦名矢人盘。西周厉王时器。传清乾隆年间于陕西凤翔出土。盘高20.6厘米，深9.8厘米，直径56.6厘米。腹内铭文19行，356字。内容为一份有关土地分割的契约，是研究西周土地制度的重要史料。嘉庆时入内府。历经道、咸、光、宣四朝，因年久失查，不知所在。1924年逊清内务府清查时，发现于养心殿库房。1935年散氏盘随清宫其他文物移交北平故宫博物院，抗战时曾南迁，现藏于台北故宫博物院。

散氏盘铭文结构稚拙天成，字形扁而宽博，体势欹侧生动，富写意精神，开"草篆"先河。通篇浇铸感强，金石味足。胡小石评云："篆体至周而大备，其大器若盂鼎、毛公鼎……结字并取纵势，其尚横者唯散氏盘而已。"

释文：

用矢［戡］散邑，迺即散用田。眉眉自瀗涉，以南至于大沽，一封；以陟，二封；至于边，柳。复涉瀗，陟雽廒𢼸陕，以西，封于敽城，楮木；封于刍逨，封于刍衢；内陟刍，登于厂湶，封剖，桝。陵陵刚，桝。封于罙道，封于原道，封于周道；以东封于𣗥东疆；右还，封于眉眉道；以南，封于迹逨道；以西，至于堆莫。眉眉井邑田：自桹木道左至于井邑封道，以东一封；还，以西一封；陟刚，三封；降，以南，封于同道；陟州刚，登，桝；降，棫；二封。矢人有嗣眉眉田：鲜且、敽、武父、西宫襄、豆人虞丂、彔、贞、师氏右省、小门人縣、原人虞芳、淮嗣工虎、考帰畲、丰父、堆人有嗣刑、丂，凡十又五夫。正眉眉矢舍散田：嗣土逆、寒嗣马罘罳、斁人嗣工骉君、宰德父；散人小子眉眉田：戎、敽父、效棐父、襄之有嗣橐、州𩁹、佟从暠，凡散有嗣十夫。唯王九月，辰才乙卯，矢俾鲜且、𢾅旅誓曰："我既付散氏田器，有爽，实余有散氏心贼，则爰千罚千，传弃之。"鲜且、𢾅旅则誓。迺卑西宫襄、武父誓曰："我既付散氏湿田墙田，余有爽窆，爰千罚千。"西宫襄、武父则誓。厥受图矢王于豆新宫东廷。厥左执缪史正中农。

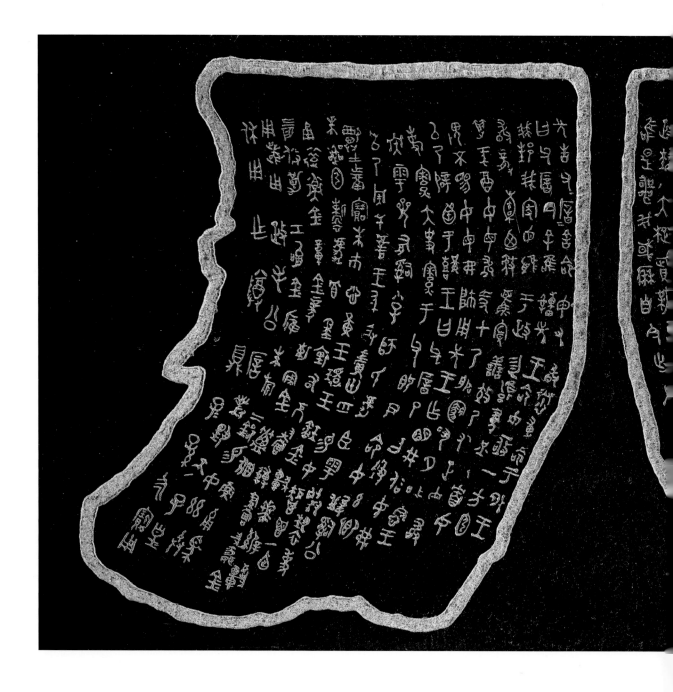

毛公鼎

毛公鼎，多数专家认定为西周宣王时的器皿。据传清道光年间出土于陕西省岐山县。咸丰二年（1852年）为陈介祺购得，后辗转于端方、叶恭绰、郑洪年之手，1942年又为陈泳仁购得，1945年由陈氏献给国家。今藏台北故宫博物院，为台北故宫镇馆之宝。

毛公鼎铭文长达497字，是现存青铜器中铭文最长的一篇，内容为周宣王策命毛公委以政务，整肃

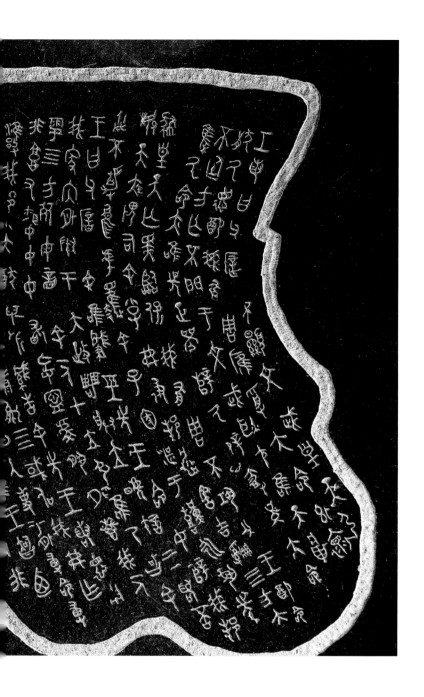

纲纪，兴革政治的策命文。从书法上看，笔画劲健，结体纵长，布局严谨，呈现出理性的整饬趋向，是西周晚期成熟金文的代表作。郭沫若评价此铭"全体气势颇为宏大，泱泱然存宗周宗主之风烈。"

释文：

王若曰：父歆，丕显文武，皇天引厌厥德，配我有周，膺受大命，率怀不廷方亡不覣于文武耿光。唯天将集厥

命，亦唯先正略又剾辟，属谨大命，肆皇天亡，临保我有周，丕巩先王配命，畏天疾威，司余小子弗，邦将曷吉？迹迹四方，大从丕静。呜呼！惧作小子涸湛于艰，永巩先王。

王曰：父歆，余唯肇经先王命，命汝辥我邦，我家内外，惷于小大政，粤朕立，鯱许上下若否。宁四方死母童，祭一人才立，引唯乃智，余非庸又昏，汝母敢安宁，虔夙夕，惠我一人，拥我邦小大猷，毋折绒，告余先王若德，用印邵皇天，緟恪大命，康能四国，俗我弗作先王忧。

王曰：父歆，余之庶出，入事于外，专命专政，埶小大楚赋，无唯正闻，引其唯王智，廼唯是丧我国，历自今，出入专命于外，厥非先告歆，父歆舍命，母又敢专命于外。王曰：父歆，今余唯緟先王命，命汝亟一方，弘我邦我家，毋頼于政，勿雝建庶口。母敢靡橐，靡橐乃侮鰥寡，善效乃友正，母敢湛于酒，汝母敢坠在乃服，恪夙夕，敬念王畏不赐。女母弗帅用先王作明刑，俗女弗以乃辟圅于戁。

王曰：父歆，已曰及兹卿事寮，大史寮，于父即君，命女摄司公族，雩三有司，小子，师氏，虎臣雩朕亵事，以乃族干吾王身，取专卅乎，赐汝秬鬯一卣，裸圭瓒宝，朱市，恩黄，玉环，玉瑹金车，绎较，朱器弘斩，虎冟熏裹，右厄，画鞲，画轛，金甬，错衡，金童，金豕，涑燮，金簟筓，鱼箙，马四匹，攸勒，金口，金膺，朱旂二铃，易汝兹关，用岁于政，毛公对歆天子皇休，用作尊鼎，子子孙孙永宝用。

中山王方壶

战国中山王方壶，1978年于河北省平山县战国中山王墓出土。方体，小口，斜肩，腹两侧有一对环耳，是战国中晚期常见的方壶形式。其铭文字体修长、匀称流美，装饰意味十分浓厚，工丽秀美无与伦比，刻制之精为战国时代铭文之冠。铭文长达448字，仅次于西周毛公鼎。

此前，中山国文字资料极其少见。中山王墓的发掘，中山方壶以及同时出土的中山王鼎、中山胤嗣圆壶等一批中山国铜器，都带有长篇铭文，记载着大量重要的中山国史实，为研究中山国历史提供了极其重要的史料。

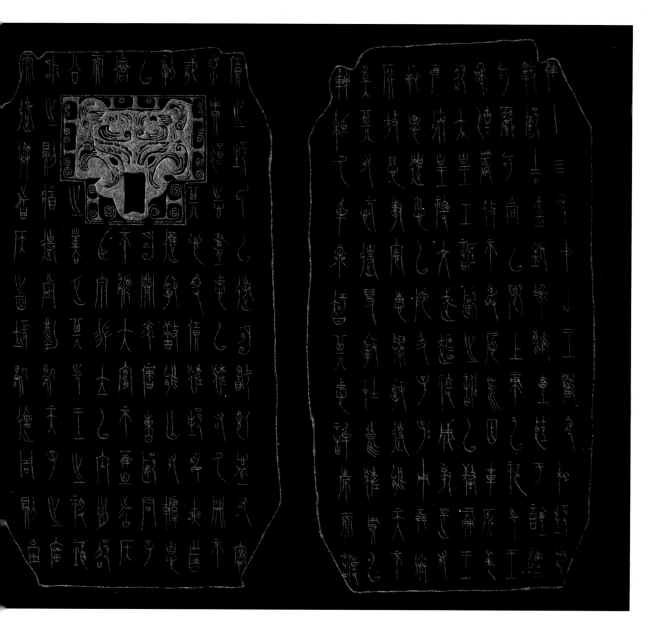

释文：

隹十四年，中山王错命相邦周，择燕吉金，铸为彝壶，节于禋䣋，可法可尚。以飨上帝，以祀先王。穆穆济济，严敬不敢怠荒。因载所美，昭跋皇功，诋燕之讹，以儆嗣王。唯朕皇祖文武，桓祖成考，寔有纯德遗训，以施及子孙，用唯朕所放。慈孝寰惠，举贤使能，天不斁其有愿，使得贤才良佐周，以辅相厥身。余知其忠信也，而专任之邦。是以游夕饮饲，囿有惸惕。周竭志尽忠，以佐佑厥辟，不贰其心，受任佐邦，夙夜匪懈，进贤措能，无有遗息，以明辟光。适遭燕子哙，不辨大义，不忌诸侯，而臣宗易位。以内绝召公之业，乏其先王之祭祀，外之则将使上观于天子之庙，而退与诸侯齿长于会同。则上逆于天，下不顺于人也，寡人非之。周曰：为人臣而反臣其宗，不详莫大焉。将与吾君并立于世，齿长于会同，则臣不忍见也。周忧从在大夫以靖燕疆，是以身蒙皋胄，以诛不顺。燕故君子哙，新君子之，不用礼义，不辨逆顺，故邦亡身死，曾无一夫之救。遂定君臣之位，上下之体，休有成功，创辟封疆，天子不忘其勋，使其老策赏仲父，诸侯皆贺。夫古之圣王务在得贤，其次得民。故辞礼敬则贤人至，愿爱深则贤人亲，作敛中则庶民附。呜呼，允哉若言！明跋之于壶而时观焉。祗祗翼翼昭告後嗣。唯逆生祸，唯顺生福，载之简策，以戒嗣王。唯德附民，唯义可长，子之子，孙之孙，其永保用无疆。

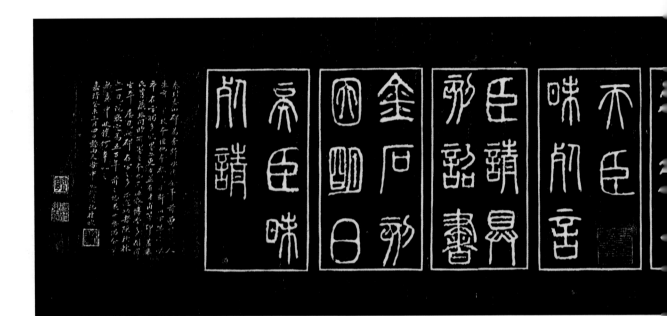

封泰山碑

　　秦封泰山碑又名泰山刻石。秦始皇二十八年巡狩泰山时立，据传为丞相李斯所书。石四面环刻，三面为始皇诏，一面为二世诏及从臣名字。《史记·秦始皇本纪》详载其事及辞。残石现存山东泰安岱庙内，裘锡圭认为其非原刻石。

　　泰山刻石拓本最早、最为著名的是明代锡山安国所藏北宋泰山刻石165字和53字本。

　　秦始皇通过"书同文"在中国历史上第一次实现汉字的统一。该刻石线条均匀，字形纵长，受隶书影响，圆中趋方，左右对称，体势严谨，具有很强的理性化和秩序感。

释文：

……辞不称始皇帝，其于久远（也）如（后嗣）为之者，不称成功。

丞相臣斯臣去疾，御史夫臣（德）昧死言："臣请具刻诏书金石，刻因明白矣。臣昧死请。"……

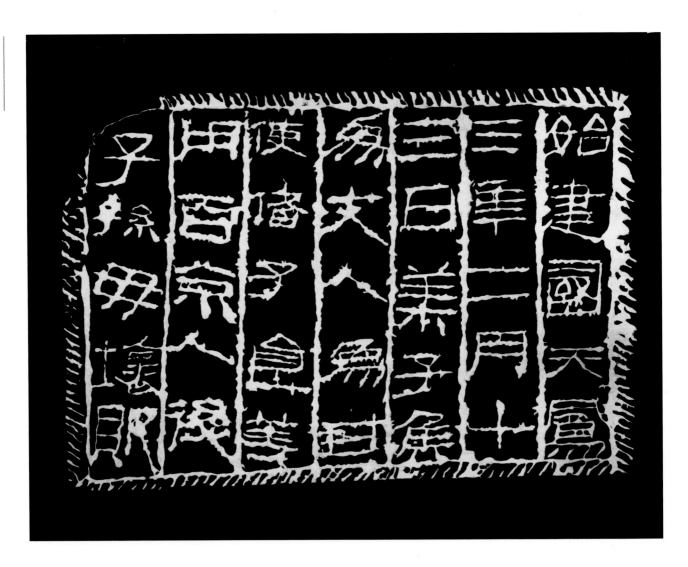

莱子侯刻石

　　莱子侯刻石刻于新莽天凤三年（公元16年），刻石长79厘米，宽56厘米，厚52厘米，为天然长方形青灰色层岩。隶刻7行，行5字，计35字，字外有边框。刻石字迹清晰，刻痕显露，保存完好，现存山东省邹城市博物馆。

　　该刻石是从古隶到成熟汉隶的过渡性书体。清代杨守敬认为它"苍劲简质"，清代著名金石学家方朔评云："以为篆隶，结构简劲，意味古雅，为西汉隶书之佳品"。郭沫若曾在20世纪60年代致函邹城文物部门，称莱子侯刻石"世所罕见，金石研究必从解读此石开篇"。另外，莱子国作为我国古老文明的发祥地之一，是五千年文明史的重要组成部分。莱子侯刻石对于考证莱夷文化、莱子国的历史也有着重要的价值。

释文：

始建国天凤三年二月十三日，莱子侯为支人为封，使偖子良等用百余人，后子孙毋坏败。

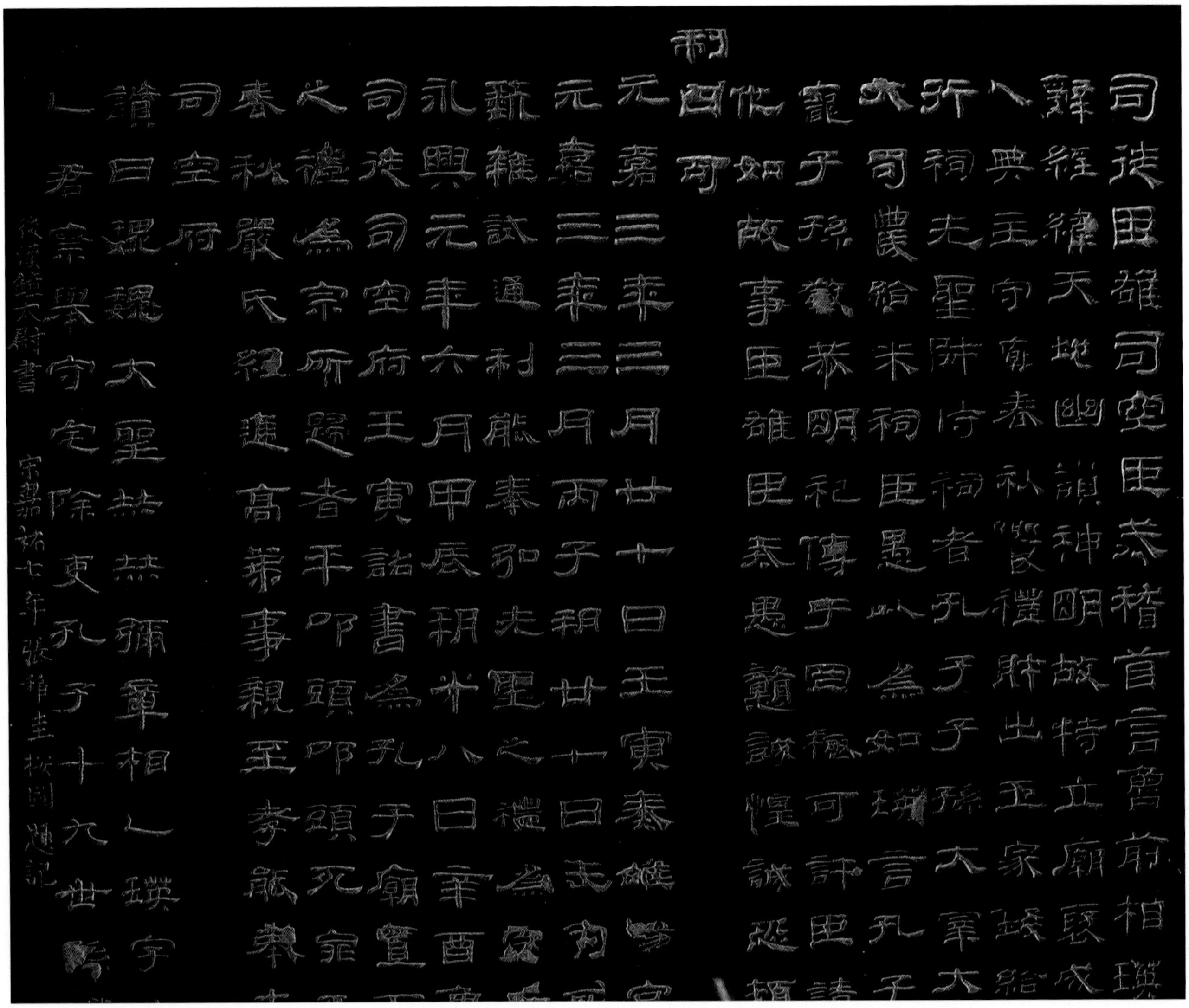
司徒臣雄司空臣戒稽首言魯前相瑛
辭經緯天地幽讚神明故特立廟褒成
人典主守廟春秋饗禮財出王家錢給
祈祠先聖師侍祠者孔子子孫大宰大
大司農給米祠臣愚以為如瑛言孔子
寵子孫敬恭明祀傳于罔極可許臣請
作如故事臣雄臣戒愚戇誠惶誠恐頓
制曰可
元嘉三年三月廿七日壬寅奏雒陽宮
元嘉三年三月丙子朔廿七日壬寅司
藝雜試通利能奉弘先聖之禮為宗所
永興元年六月甲辰朔十八日辛酉魯
司徒司空府壬寅詔書為孔子廟置百
之禮為宗所歸者平叩頭叩頭死罪死
春秋嚴氏經通高第事親至孝能奉先
司空府
讚曰巍巍大聖赫赫彌章相乙瑛字
乙君察舉守宅除吏孔子十九世
後漢鍾太尉書
宋嘉祐七年張稚圭按圖題記

乙瑛碑

乙瑛碑，全称"汉鲁相乙瑛置百石卒史碑"或"孔和碑"。桓帝永兴元年（153年）刻，现存山东曲阜孔庙。碑高3.6米，宽1.29米。隶书18行，行40字，无额。后有宋人张雅圭题字二行。碑刻内容为鲁相乙瑛代孔子后人上书汉廷，请设立一名掌握孔庙礼器的低级官吏，其级别为"百日卒史"，并提出此官任职条件。

乙瑛碑是汉隶成熟期的代表作，书法端严规矩，落落大方，点画凝重，波磔分明。《分隶偶存》称此碑"字特雄伟，如冠裳佩玉，令人起敬，近人郑簠每喜临之。"清方朔称其"字字方正沉厚，亦足以称宗庙之美。"

释文：

司徒臣雄，司空臣戒，稽首言：鲁前相瑛书言：诏书崇圣道，勉学艺。孔子作春秋，制孝经，删定五经，演易系辞，经纬天地，幽赞神明，故特立庙。襃成侯四时来祠，事已即去。庙有礼器，无常人掌领，请置百石卒史一人，典主守庙，春秋飨礼，财出王家钱给犬酒直。须报，谨问。大常祠曹掾冯牟，史郭玄。辞对：故事辟雍礼未行，祠先圣师。侍祠者，孔子子孙，大宰、大祝令各一人，皆备爵。大常丞监祠，河南尹给牛羊豕鸡马犬各一，大司农给米祠。臣愚以为如瑛言，孔子大圣，则象乾坤。为汉制作，先世所尊。祠用众牲，长吏备爵。今欲加宠子孙，敬恭明祀，传于罔极。可许臣请，

鲁相为孔子庙置百石卒史一人，掌领礼器，出王家前给犬酒直，他如故事。臣雄、臣戒愚戆，诚惶诚恐，顿首顿首，死罪死罪，臣稽首以闻。

制曰：可。

司徒公河南原武吴雄，字季高。元嘉三年三月廿七日壬寅奏雒阳宫。司空公蜀郡成都赵戒，字意伯。

元嘉三年三月丙子朔，廿七日壬寅，司徒雄、司空戒，下鲁相，承书从事下当用者，选其年册以上，经通一艺，杂试通利，能奉弘先圣之礼，为宗所归者，如诏书。

书到，言：永兴元年六月甲辰朔，十八日辛酉，鲁相平，行长史事卞守长擅，叩头死罪，敢言之司徒司空府：壬寅诏书，为孔子庙置百石卒史一人，掌主礼器，选年册以上，经通一艺，杂试，能奉弘先圣之礼，为宗所归者。平叩头叩头，死罪死罪。谨案，文书守文学掾鲁孔龢，师孔宪，户曹史孔览等，杂试，龢修春秋严氏经通，高第，事亲至孝，能奉先圣之礼，为宗所归，除龢补名状如牒。平惶恐叩头，死罪死罪。上司空府。

赞曰：巍巍大圣，赫赫弥章。

相乙瑛字少卿，平原高唐人。令鲍叠，字文公，上党屯留人。政教稽古，若重规矩。乙君察举守宅，除吏孔子十九世孙麟廉，请置百石卒史一人，鲍君造作百石吏舍，功垂无穷，于是始□。

后汉钟太尉书，宋嘉佑七年张雅圭按图题记。

礼器碑

中国东汉重要碑刻。全称"汉鲁相韩敕造孔庙礼器碑",又称"修孔子庙器碑"、"韩明府孔子庙碑"等。东汉永寿二年(156年)立。现存山东曲阜孔庙。碑身高1.5米,宽0.73米,四面皆刻有文字。碑阳16行,满行36字,碑阴3列,列17行;左侧3列,列4行,右侧4列,列4行。碑文记述鲁相韩敕修饰孔庙、增置各种礼器,吏民共同捐资立石以颂其德事。碑侧及碑阴刊刻捐资立石的官吏姓名及钱数。

礼器碑是汉代隶书的重要代表作之一,金石家评价甚高。此碑书法瘦劲宽绰,笔画刚健,用笔力注笔端,如干将莫邪,锋利无比。其结体寓欹侧于平正中,含疏秀于严密内,通篇清劲秀雅,有一种肃穆超然的神采,历来被奉为隶书极则。

清王澍在《虚舟题跋》中评此碑说:"隶法以汉为极,每碑各出一奇,莫有同者,而此碑最为奇绝,瘦劲如铁,变化若龙,一字一奇,不可端倪。"并说:"惟'韩敕'无美不备,以为清超却又遒劲,以为遒劲却又肃括,自有分隶来,莫有超妙如此碑者。"

释文:

碑阳

惟永寿二年,青龙在涒叹,霜月之灵,皇极之日。鲁相河南京韩君,追惟太古,华胥生皇雄,颜母育孔宝,俱制元道,百王不改。孔子近圣,为汉定道。自天王以下,至于初学,莫不冀思,叹仰师镜。颜氏圣舅,家居鲁亲里,并官圣妃,在安乐里。圣族之亲,礼所宜异。复颜氏并官氏邑中繇发,以尊孔心。念圣历世，礼乐陵迟，秦项作乱，不尊图书，倍道畔德，离败圣舆食粮，亡于沙丘。君于是造立礼器，乐之音符，锺磬瑟鼓，雷洗觞觚，爵鹿柤桓，笾柸禁壶，修饰宅庙，更作二舆，朝车威熹。宣抒玄污，以注水流。法旧不烦，备而不奢。上合紫台，稽之中和；下合圣制，事得礼仪。于是四方士仁，闻君风耀，敬咏其德，尊琦大人之意，卓尔之思，乃共立表石，纪传亿载。其文曰：皇戏统华胥，承天画卦。颜育空桑，孔制元孝，俱祖紫宫，大一所授。前闿九头，以什言教，后制百王，获麟来吐。制不空作，承天之语。乾元以来，三九之载，八皇三代，至孔乃备。圣人不世，期五百载。三阳吐图，二阴出谶，制作之义，以俟知奥。于穆韩君，独见天意，复圣二族，卓越绝思。修造礼乐，胡輂器用，存古旧宇，殷勤宅庙，朝车威熹，出诚造更，漆不水解，工不争贾。深除玄污，水通四注。礼器升堂，天雨降澍。百姓欣和，举国蒙庆。神灵佑诚，谒敬之报。天与厥福，永享牟寿。上极华紫，旁伎皇代。刊石表铭，与干运耀。长期荡荡，于盛复授。赫赫罔穷，声垂亿载。韩明府名敕字叔节。

颍川长社王玄君真二百。河东大阳西门俭元节二百。故琢郡大守鲁麃次公五千。故会稽大守鲁傅世起千。故乐安相鲁麃季公千。故从事鲁张嵩眇高五百。相主簿鲁薛陶元方三百。相史鲁周干伯德三百。

碑阴

曲成侯王暠二百。辽西阳乐张普仲坚二百。河南成皋苏汉明二百，其人处士。河南雒阳种亮奉高五百。故兖州从事任城吕育季华三千。故下邳令东平陆王褒文博千。故颍阳令文阳鲍宫元威千。河南雒阳李申伯百。赵国邯郸宋元世二百。彭城广戚姜寻子长二百。平原乐陵朱恭敬公二百。平原湿阴马瑶元冀二百。彭城龚治世平二百。泰山鲍丹汉公二百。京兆刘安初二百。故薛令河内温朱熊伯珍五百。下邳周宣光二百。故豫州从事蕃加进子高千。河间束州齐伯宣二百。陈国苦虞崇伯宗二百。颍川长社王季孟三百。汝南宋公国陈汉方

二百。山阳南平阳陈汉甫二百。任城番君举二百。任城王子松二百。任城谢伯威二百。任城高伯世二百。相主簿薛曹访济兴三百。相中贼史薛虞韶兴公二百。薛弓奉高二百。相史卞吕松□远百。驺韦伯卿二百。处士鲁刘静子着千。故从事鲁王陵少初二百。故督邮鲁开辉景高二百。鲁曹悝初孙二百。鲁刘元达二百。故督邮鲁赵辉彦台二百。郎中鲁孔宙季将千。御史鲁孔翊元世千。大尉掾鲁孔凯仲弟千。鲁孔曜仲雅二百。鲁孔仪甫二百。处士鲁孔方广率千。鲁孔巡伯男二百。文阳蒋元道二百。鲁孔宪仲则百。文阳王逸文豫二百。尚书侍郎鲁孔彪元上三千。鲁孔汛汉光二百。南阳宛张光仲孝二百。守庙百石鲁孔恢圣文千。褒成侯鲁孔建寿千。河南雒阳王敬子慎二百。故从事鲁孔树君德千。鲁孔朝升高二百。鲁石子重二百。行义掾鲁弓如叔都二百。鲁刘仲俊二百。北海剧袁隆展世百。鲁夏侯庐头二百。鲁周房伯台百。

碑右侧

山阳瑕丘九百元台三百。齐国广张建平二百，其人处士。上党长子杨万子三百。处士鲁孔征子举二百。鲁徐伯贤二百。鲁刘圣长二百。河南匽师胥邻通国三百。河南平阴樊文高二百。河东临汾敬信子直千。河南洛阳左叔虞二百。东郡武阳董元厚二百。东郡武阳桓仲豫二百。泰山巨平韦仲元二百。蕃王狼子二百。泰山费淳于邻季遗二百。故安德侯相彭城刘彪伯存五百。故平陵令鲁麃恢元世五百。

碑左侧

东海傅河东临汾敬谦字季松千。时令汉中南郑赵宣子字子雅，故丞魏令河南京丁叔举五百。左尉北海剧赵福字仁直五百。右尉九江浚遒唐安季兴五百。司徒掾鲁巢寿文后三百。河南匽师度征汉贤二百。南阳平氏王自子尤二百。相守史薛王芳伯道三百。鲁孔建寿二百。相行义史文阳公百，辉世平百。鲁傅充子豫二百。任城亢父治真百。鲁孙殷三百。鲁孔昭叔祖百。卞庐城子二百。

史晨碑

　　史晨碑，隶书，两面刻，前碑刻于东汉建宁二年（166年）三月。17行，行36字。后碑刻于建宁元年（165年）四月。14行，行36字。现存山东曲阜孔庙。碑文记载鲁相史晨祭祀孔子的情况。后碑全称"汉鲁相史晨飨孔庙碑"，记载孔庙祀孔之事。文后有武周正书题记四行。

　　史晨碑为著名的汉碑之一。前后碑字体如出一人之手，传为蔡邕书。结字工整精细，中敛而四面拓张，波磔分明，呈方棱形，笔致古朴，神韵超绝，为汉隶成熟期方整平正一路书法的典型，对后世有深远的影响。明郭宗昌谓其"分法复尔雅超逸，可为百代模楷，亦非后世可及。"

清万经《分隶偶存》评云："修饬紧密，矩度森然，如程不识之师，步伍整齐，凛不可犯，其品格当在'卒史'（'乙瑛'）、'韩勑'（'礼器'）之右。"方朔《枕经金石跋》云："书法则肃括宏深，沉古遒厚，结构与意度皆备，洵为庙堂之品，八分正宗也。"杨守敬《平碑记》云："昔人谓汉隶不皆佳，而一种古厚之气自不可及，此种是也。"

释文：

史晨前碑

建宁二年，三月癸卯朔，七日己酉，鲁相臣晨，长史臣谦，顿首死罪上尚书，臣晨顿首顿首，死罪死罪。臣蒙厚恩，受任符守，得在奎娄，周孔旧寓，不能阐弘德政，恢崇壹变，夙息忧怖，累息屏营。臣晨顿首顿首，死罪死罪。臣以建宁元年到官，行秋飨，饮酒畔宫，毕，复礼孔子宅，拜谒神坐，仰瞻榱桷，俯视几筵，灵所冯依，肃肃犹存。而无公出酒脯之词，臣即自以奉钱，一则，修上案食醊具，以叙小节，不敢空谒。臣伏念孔子，乾坤所挺，西狩获麟，为汉制作，《孝经援神挈》曰："玄丘制命帝卯行。"又《尚书考灵耀》曰："丘生仓际，触期稽度为赤制。"故作《春秋》，以明文命。缀纪撰书，修定礼义。臣以为素王稽古，德亚皇代。虽有褒成世享之封，四时来祭，毕，即归国。臣伏见临璧雍日，祠孔子以大牢，长吏备爵，所以尊先师重教化也。夫封土为社稷而祀，皆为百姓兴利除害，以祈豊穰，《月令》祀百辟卿士有益于民。矧乃孔子，玄德焕炳，光于上下。而本国旧居，复礼之日，阙而不祀，诚朝廷圣恩所宜特加。臣寝息耿耿，情所思惟。臣辄依社稷出王家穀春秋行礼，以共烟祀，余□赐先生执事。臣晨顿首顿首，死罪死罪。臣尽力思惟庶政，报称为效。增异辄上。臣晨诚惶诚恐，顿首顿首，死罪死罪。上尚书。时副言大傅、大尉、司徒、司空、大司农府治所部从事。昔在仲尼，汁光之精，大帝所挺，颜母毓灵。承敕遭衰，黑不代仓，□流应聘，叹凤不臻。自卫反鲁，养徒三千。获麟趣作，端门见徵，血□著纪，黄玉响应。主为汉制，道审可行。乃作《春秋》，复演《孝经》。删定六艺，象与天谈。钩《河》摘《雒》，却揆未然。巍巍荡荡，与乾比崇。

史晨后碑

相河南史君讳晨字伯时，从越骑校尉拜。建宁元年四月十一日戊子到官，乃以令日拜谒孔子，望见阙观，式路虔跽，既至升堂，屏气拜手。祇肃屑僾，髣髴若在。依依旧宅，神之所安。春秋复礼。稽度玄灵，而无公出享献之薦，钦因春饗，导物嘉会，述修璧雍，社稷品制。即上尚书，参以符验。乃敢承祀，余胙赋赐。刊石勒铭，并列本奏。大汉延期，弥历亿年。

时长史庐江舒李谭敬让，五官掾鲁孔。功曹史孔淮，户曹掾薛东门荣，史文阳马琮，守庙百行孔赞，副掾孔网。故尚书孔立元世，河东太守孔彪元上，处士孔褒文礼，皆会庙堂，国县员冗吏无大小。空府竭寺，咸俾来观。并畔官文学先生、执事诸弟子，合九百七人，雅歌吹笙。考之六律，八音克谐，荡邪反正，奉爵称寿，相乐终日，于穆肃雍，上下蒙福。长享利贞，与天无极。史君饗后，部史仇浦，县吏刘耽等，补完里中道之周左墙垣坏决，作屋涂色，修通人沟。西流里外。南注城池，恐县史敛民，侵扰百姓，自以城池道濡麦给令还所敛民钱财。史君念孔渎颜母井去市辽远，百姓酤买，不能得香酒美肉，于昌平亭下立会市，因彼左右，咸所愿乐。

又勑：渎井，复民餫治，桐车马于渎上，东行道，表南北，各种一行梓。假夫子冢颜母开舍及鲁公冢守吏凡四人，月与佐除。大周天授二年二月廿三日，金台观主马元贞，弟子杨景圣，郭希玄奉敕于东岳作功德，便谒孔夫子之庙，题石记之。内品官杨君尚，以欧阳智琼，宣德郎行兖州都督府仓曹参军事李叔度。

濟進白欵

陰姑畫無患苦行悟奄重

褐難遠承此謙益以咸始志

追惟嗣藏无可為懷奈何

楼兰残纸

　　楼兰文书残纸，是指在楼兰遗址发现的墨书残纸和木简。残纸中有西晋永嘉元年（307年）和永嘉四年（310年）的年号，这批残纸当是西晋至十六国的遗物，其内容除公文文书外，还有私人的信札和信札的草稿，书体除介乎隶楷之间的楷书外，还有行书和草书。这些残纸是研究魏、晋、十六国书法的宝贵资料，不但使我们得以窥见晋人的真实用笔，而且为研究当时书风的演化提供了实证。

　　楼兰残纸中的楷书作品，还明显沿用竹木简上的书写方式的例子已很少。《战国策》写本残纸，字型扁平，横向节律明显，用笔较滞重，结体还保留着浓重的隶书遗痕，但波磔之势减弱，形构也开始楷化。楼兰残纸中的行书作品，亦十分可观。《永嘉四年八月十九日帖》、《白敦煌帖》、《诸将残纸》便是这类的代表，表现了率意的特征。在《济逞白报帖》、《正月廿四日书札》、《热想帖》、《九月十一日劝报帖》、《小人董奔帖》中，点画的呼应，运笔的转、折、提、按，映带与牵连，以及结体的疏与密、纵放与收敛等，变化极为丰富。在章法上有行草意趣，连绵不绝，一笔到底，神完气足，似出大家之手。在这些残纸中，行书部首已经约定俗成，由草书转换而来的简省写法，成为普遍的"法度"。楼兰残纸中的草书，承续汉代草书的发展，英姿焕发，较之同期楷书、行书来要成熟得多。

释文：

济逞白报

阴姑素无患苦何悟奄至／祸难远承凶讳益以感切念／追惟剥截不可为怀奈何／

快雪時晴帖 晋右将軍會稽内史王羲之真蹟

天下無進古今鮮對

羲之頓首

快雪時晴佳想

安善未果為结力不次王

羲之頓

山陰張侯

君倩

王羲之

王羲之（303—361年），字逸少。原籍琅邪临沂（今属山东），长于江苏无锡，后迁居山阴（今浙江绍兴）。东晋伟大的书法家，后人尊为"书圣"。官拜右军将军，人称"王右军"。少时师从著名女书法家卫夫人学习书法，后渡江北游，博采众长，草书师法张芝，正书得力于钟繇，"兼撮众法，备成一家"，达到了"贵越群品，古今莫二"的高度。王羲之无真迹传世。著名的《兰亭集序》等帖皆为后人临摹。

与两汉、西晋相比，王羲之书风最明显的特征是用笔细腻，结构多变。王羲之最大的成就在于增损古法，变汉魏质朴书风为笔法精致、遒丽天成的书体。草书浓纤折中，正书势巧形密，行书劲健洒脱、蕴藉自然。

《快雪时晴帖》，墨迹，纸本，行书，帖纵23厘米，横14.8厘米，4行，28字。台北故宫博物院藏。选刻于辽河碑林古代馆。

此帖是王羲之的一封书札，其内容为作者在大雪初晴时的愉快心情及对亲朋的问候。清乾隆皇帝把此帖和王献之的《中秋帖》、王珣的《伯远帖》藏于养心殿西暖阁内，御书匾额"三希堂"，视为稀世瑰宝。此帖为三希之首。

此外，辽河碑林还镌刻了《兰亭序》、《上虞帖》、《平安帖》、《奉橘帖》、《丧乱帖》等。

释文：

羲之顿首：快雪时晴，佳。想安善。未果为结，力不次。王羲之顿首。山阴张侯。

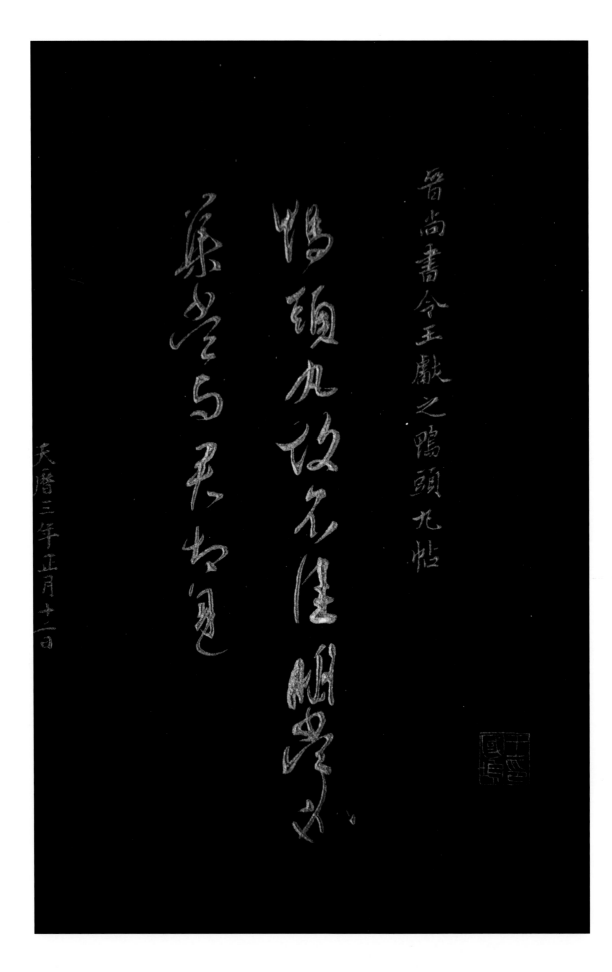

王献之

　　王献之（344—386年），字子敬，小名官奴，王羲之第七子。东晋著名书法家。善行草，与其父并称"二王"。

　　《鸭头丸帖》是王献之写在绢上的草书作品，现藏于上海博物馆。2行，15字。此帖运笔非常熟练，笔画灵动，风神散逸。章法上行距很宽，显得疏朗，堪称是一幅不拘法则而又无处不存在法则的草书精品。辽河碑林还镌刻了其《中秋帖》等作品。

释文：

鸭头丸，故不佳。明当必集，当与君相见。

王珣

　　王珣（349—400年），字元琳，幼时小字法护，为东晋著名书法家王导之孙，王洽之子，王羲之之侄。孝武帝司马昌明雅好典籍，王珣与殷仲堪、徐邈、王恭、郗恢等，均以才学文章受知于孝武帝，累官左仆射，加征虏将军，并领太子詹事。安帝隆安元年（397年）迁尚书令，加散骑常侍，寻以病卒，终年五十二岁，谥献穆。董其昌评："王珣潇洒古澹，东晋风流，宛然在眼。"

　　《伯远帖》，晋王珣书，行书，5行共47字，纵25.1厘米，横17.2厘米。现藏于北京故宫博物院。

晋王珣伯远帖

唐人真迹已不可多得况晋人邪
内府所藏右军快雪帖大令中秋
帖皆希世之珍今又乃王珣此幅
蕴纸家风信堪并美养徐清赏
六临池一助也　御识
乾隆丙寅春月获王珣此帖遂与
快雪中秋二晴並藏養心殿温室
中颜曰三希堂　御笔又识

珣顿首顿首伯远胜业情期群从之宝
自以羸患志在优游始获此出意不克申
分别如昨永为畴古远隔岭峤不相瞻临

　　《伯远帖》是王珣问候亲友疾病的一通信札。行笔自然流畅，俊丽秀雅，为行书早期典范之作，通篇用笔精熟，疏朗飘逸，从平和的文字中我们可以洞窥到东晋一代的"尚韵"书风，那种追求完美的审美理想和审美趣味与当时的社会风尚是有密切关联的。

释文：

珣顿首顿首，伯远胜业情期群从之宝。自以羸患，志在优游。始获此出意不克申。分别如昨永为畴古。远隔岭峤，不相瞻临。

仲居夢其七十有三月七
辽龄俱不满百庄祖资
以集菩提重任性戕也
盈故終歸寂滅无有涯
浮住若大有生而不死
而不死不歸丘基神
逻所更庸毒平酸何
丁熱念善及报庭如影
随彩心不差二

欧阳询

　　欧阳询（557—641年），字信本。潭州临湘（今湖南长沙）人。唐代著名书法家，官至太子率更令，弘文馆学士，封渤海县男。书法学二王，参以隶法，笔力险劲出于大令，别成一体，世称"欧体"，对后世影响甚大。与虞世南、褚遂良、薛稷并称为唐初四大书家。存世书迹尚多，化度寺碑、九成宫碑，以及传世墨迹《张翰帖》、《卜商帖》、《梦奠帖》等俱为历代书家所重。

　　《梦奠帖》，墨迹，纸本，手卷，纵25.6厘米，横16.6厘米。行书，9行，78字。无款，疑摹本。杨仁恺考证为真迹。钤有"御府法书"、"绍兴"、"福骓书府"、"赵氏子昂"、"项子京家珍藏"、"高士奇图书记"、"云间王鸿绪鉴定印"、"乾隆"、"嘉庆"、"宣统御览之宝"等鉴藏印。后有郭天阳、赵孟頫、高士奇、王鸿绪等跋。曾经宋绍兴内府、贾似道，元郭天阳，明项子京，清徐乾学、清内府等收藏。现藏辽宁省博物馆。

　　此帖章法疏朗，结字修长严整。用笔劲挺而不失丰腴。行笔顺应结字与章法，瘦劲猛锐而又自然流畅。《书法钩元》谓："若草里蛇惊，云间电发；又如金刚嗔目，力士挥拳。"欧氏行书传世不多见，《梦奠帖》是他晚年的代表作品，诚属稀世之珍。

释文：

仲尼梦奠，七十有二，周王／九龄，俱不满百。彭祖资／以导养，樊重任性，裁过／盈数，终归冥灭，无有得／停住者。未有生而不老，／老而不死，形归丘墓，神／还所受。痛毒辛酸，何／可熟念，善恶报应，如影／随形，心不差二。

大唐故汝南公之墓誌銘

公見諱宇隴西狄道人

皇帝之第三女也天潢疏润可

浮夜先之来若木分暉猿羊二

朝能之令故能聪韻外發開明山

嚬訓範甘知尚親咸北女史言故

即稻留祀柜公宫至如浴包養佩

怡晨省敬爱與極左石無方才學

弹停基菱典擊铁令問芳歉儀

形閣開年山月有詔封世而郡

公主錢重臨编礼崇塔沐車脈術

章軍侵前與慶九地文维四

辉曜飐宿我雨衷棉道北荫

儒不饒踌睦灰偷卻移陵毕

凌遠難容脈外窦而沉喪內佳不

誌仁实其宴萁火月凰十年一

脟獨慕之京達汍偈生二性天

伤生二性天

十六朝十六昏

觀十年一

虞世南

虞世南（558—638年），字伯施。越州（浙江）余姚人。唐朝政治家、文学家、诗人、书法家。官至秘书监，封永兴县子，世称"虞永兴"。擅书法，与欧阳询、褚遂良、薛稷合称"初唐四大家"。

《汝南公主墓志铭》，墨迹，纸本，行书，636年（贞观十年）11月作，纵25.9厘米，横38.4厘米，18行，每行12字至15字不等，共222字。上海博物馆收藏。

汝南公主是唐太宗之女，早逝。虞世南为其撰写墓志。此是草稿，萧散虚和，遒媚不凡。每个人的执笔、下笔方式都有一定的习惯性，这是在长期、反复的操练中适应而成的。因而同一人写出的楷书与行书，尽管字体形态、间架结构有所不同，但在笔法、风格上总有一线贯通之处，在面貌上有着共同点。如欧书外露筋骨，虞书则内含刚柔，这不仅见于二人楷书，而且见于行书。故言"永兴真行如秀岭危峰，处处间起"，是贴切的比喻。

王世贞云："昔人于永兴、率更书，俱登品神妙间，而往往左袒永兴。余初不伏之：以虞之肉，似未胜欧骨，盖谓正书也；晚得永兴《汝南公主墓志》草一阅，见其萧散虚和，风流姿态，种种有笔外意。"

释文：

公主讳宇，陇西狄道人，皇帝之第三女也。天潢疏润，圆折浮夜光之采；若木分晖，秾华照朝阳之色。故能聪颖外发，闲明内映，训范生知，尚观箴于女史；言容成则，犹习礼于公宫。至如怡色就养，佩纷晨省，敬爱兼极，左右无方。加以学弹绵素，艺兼肇绁，令问芳猷，仪形闺阃。厶年厶月，有诏封汝南郡公主。锡从珪瑞，礼崇汤沐，车服徽章，事忝前典。属九地绝维，四星潜曜，毁瘠载形，哀号过礼，茧纩不袭，壇酪无哒，灰琯亟移，陵茔浸远，虽容服外变，而沉忧内结，不胜孺慕之哀，遂成伤生之性，天道佑仁，奚起冥漠，以今贞观十年十一月丁亥朔十六日。

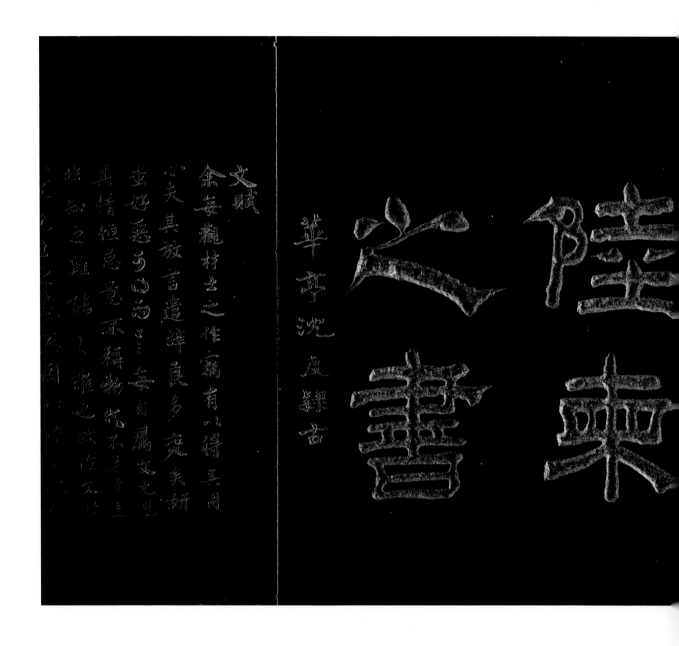

陆柬之

　　陆柬之（585—638年），江苏吴县（今江苏苏州）人。唐代著名书法家。虞世南外甥，官太子司仪郎。工正、行书，善临摹。少师虞世南，后上溯"二王"，卓然成家。元赵孟𫖯在《文赋》后跋云："初唐善书者称欧、虞、褚、薛，以书法论之，（陆柬之）岂在四子之下耶，然世罕有迹，故知之者稀耳。"可见其书艺在赵孟𫖯心中的位置。传世书迹有传本墨迹《文赋》、《兰亭诗》等。

　　《文赋》，墨迹，纸本，手卷。纵26.6厘米，横369.6厘米，行书法帖，144行，1668字，无

款，传唐陆柬之书。现藏台北故宫博物院。

《文赋》为晋代陆机撰，陆柬之书。陆氏墨迹摹刻本除《淳化阁帖》中尚存《得告帖》25字外，见诸著录之《头陀寺碑》、《龙华寺碑额》等，均已失传。元人揭傒斯云："唐人结体遒劲，有晋人风格者，惟见此卷。"钤有"河东李倜士弘章"、"员峤真逸"、"拟晋山房"及清内府等鉴藏印。帖前有李东阳篆书"二陆文翰"四字，沈度隶书"陆机文赋陆柬之书"二行八字。帖后有赵孟頫、李倜、欧阳玄、揭傒斯、危素、宋濂、刘基、谢观、孙承泽等跋。曾经元李倜、清内府收藏，现存台北故宫博物院。

此卷书法遒劲温润，少圭角，多圆势，遵循"二王"法度。但在行书中偶尔插进几字草书，更具"石韫玉而山辉，水怀珠而川媚"之精妙。

释文：

二陆文翰

陆机／文赋／陆柬／之书／华亭沈度隶书。

余每观材士之作，窃有以得其用／心。夫其放言遣辞，良多变矣，妍／蚩好恶，可得而言。每自属文，尤见／其情。恒患意不称物，文不逮意。盖／非知之难，能之难也。故作《文赋》，／以述先士之盛藻，因论作文之利／害所由，他日殆可谓曲尽（其妙）。至于操／斧伐柯，虽取不远，若夫随手／之变，良难以辞逮。盖所能言者／具于此云。／

伫中区以玄览，颐情志于典坟。遵／四时以叹逝，瞻万物而思纷。悲落／叶于劲秋，喜柔条于芳春。心懔懔／以怀霜，志眇眇而临云。咏世德之／骏烈，诵先人之清芬。游文章／之林府，嘉丽藻之彬彬。慨／投篇而援笔，聊宣之乎斯文。／其始也，皆收视反听，耽思傍讯。／精骛八极，心游万仞。其致也，情／瞳昽而弥鲜，物昭晰互进。倾／群言之沥液，漱六艺之芳润。／浮天渊之安流，濯下泉而潜浸。／于是沉辞怫悦，若游鱼衔／钩，而出重渊之深；浮藻联翩，／若翰鸟缨缴，而坠曾云之／峻。收百世之阙文，采千载／之遗韵。谢朝华于已披，启夕／秀于未振。观古今于须臾，抚／四海于一瞬。然后选义按部，／考辞就班。抱景者咸叩，怀／响者毕弹。或因枝以振叶，或沿／波而讨源。或本隐以之显，或求／易而得难。或虎变而兽扰，或龙／见而鸟澜。或妥帖而易施，或岨峿／而不安。罄澄心以凝思，眇众虑／而为言。笼天地于形内，挫万物／于笔端。始踯躅于燥吻，终流离／于濡翰。理扶质以立干，文垂条／而结繁。信情貌之不差，故每／变而在颜。思涉乐其必笑，方／言哀而已叹。或操觚以率尔，或／含毫而邈然。伊兹事之可乐，固／圣贤之可钦。课虚无以责有，／叩寂寞而求音。函绵邈于尺／素，吐滂沛乎寸心。言恢之而弥／广，思按之而逾深。播芳蕤之／馥馥，发青条之森森。粲风飞而猋竖，郁云起乎翰林。体有／万殊，物无一量。纷纭挥霍，形难／为状。辞程才以效伎，意司契而／为匠。在有无而僶俛，当浅深而不／让。虽离方而遁圆，期穷形而尽／相。故夫夸目者尚奢，惬心者贵／当。言穷者无隘，论达者唯旷。诗缘／情而绮靡，赋体物而浏亮。碑披／文以相质，诔缠绵而凄怆。铭／博约而温润，箴顿挫而清壮。颂优游以彬蔚，论精微而朗畅。奏平彻以闲雅，说炜晔而谲诳。虽／区分之在兹，亦禁邪而制放。要辞／达而理举，故无取乎冗长。其为／物也多姿，其为体也屡迁；其会／意也尚巧，其遣言也贵妍。暨音／声之迭代，若五色之相宣。虽逝／止之无常，固崎锜而难便。苟达／变而相次，犹开流以纳泉；如失机而／后会，恒操末以续颠。谬玄黄之／秩叙，故淟涊而不鲜。或仰逼于／先条，或俯侵于后章；或辞害而／理比，或言顺而意妨。离之则双／美，合之则两伤。考殿最于锱铢，定／去留于毫芒；苟铨衡之所裁，固／应绳其必当。或文繁理富，而意／不指适。极无两致，尽不可益。立片／言而居要，乃一篇之警策；虽众辞／之有条，必待兹而效绩。亮功多而／累寡，故取足而不易。或藻思绮／合，清丽千眠。炳若缛绣，凄若繁弦必所拟之不殊，乃暗合乎／曩篇。虽杼轴于予怀，怵他人之／我先。苟伤廉而愆义，亦虽爱／而必捐。或苕发颖竖，离众绝致；／形不可逐，响难为系。块孤立特峙，／非常音之所纬。心牢落而无偶，／意徘徊而不能掊。石韫玉而山辉，／水怀珠而川媚。彼榛楛之勿翦，亦／蒙荣于集翠。缀《下里》于《白雪》，吾／亦以济夫所伟。或托言于短韵，／对穷迹而孤兴，俯寂寞而无友，仰寥／廓而莫承；譬偏弦之独张，／含清唱而靡应。或寄辞于瘁／音，徒靡言而弗华，混妍蚩／而成体，累良质而为瑕；象下管／之偏疾，故虽应而不和。或遗理以／存异，徒寻虚以逐微，言寡情／而鲜爱，辞浮漂而不归；犹弦么／而徽急，故虽和而不悲。或奔放以／谐和，务嘈囋而妖冶，徒悦目而／偶俗，故高声大而曲下；寤《防露》／与桑间，又虽悲而不雅。或清虚／以婉约，每除烦而去滥，阙大／羹之遗味，同朱弦之清泛；虽／一唱而三叹，固既雅而不艳。若／夫丰约之裁，俯仰之形，因宜／适变，曲有微情。或言拙而喻／巧，或理朴而辞轻；或袭故而／弥新，或沿浊而更清；或览之而／必察，或研之而后精。譬犹／舞者赴节以投袂，歌者应／弦而遣声。是盖轮扁所不得／言，故亦非华说之所能精。普／辞条与文律，良余膺之所／服。练世情之常尤，识前脩之／所淑。虽睿发于巧心，或受蚩／于拙目。彼琼敷与玉藻，若中／原之有菽。同橐籥之罔穷，与／天地乎并育。虽纷蔼于此世，／嗟不盈于予掬。患挈瓶之／屡空，病昌言之难属。故／踸踔于短垣，放庸音以足曲。恒／遗恨以终篇，岂怀盈而自足？／惧蒙尘于叩缶，顾取笑乎鸣玉。／若夫应感之会，通塞之纪，来不／可遏，去不可止，藏若景灭，行犹／响起。方天机之骏利，夫何纷而不／理？思风发于胸臆，言泉流于唇齿／；纷葳蕤以馺遝，唯毫素之所拟。文／徽徽以溢目，音泠泠而盈耳。及其／六情底滞，志往神留，兀若枯木，／豁若涸流；揽营魂以探赜，顿精／爽而自求；理翳翳而愈伏，思轧轧其／若抽。是以或竭情而多悔，或率意／而寡尤。虽兹物之在我，非余力／之所戮。故时抚空怀而自惋，吾／未识夫开塞之所由。伊兹文之／为用，固众理之所因。恢万里而／无阂，通亿载而为津。俯殆则／于来叶，仰观象乎古人。济／文武于将坠，宣风声于不／泯。涂无远而不弥，理无微而／弗纶。配沾润于云雨，象变化乎／鬼神。被金石而德广，流管弦／而日新。

羣士慕嚮，異人並出，卜式拔於芻牧，弘羊擢於賈豎，衛青奮於奴僕，日磾出於降虜，斯亦曩時版築飯牛之明已。漢之得人，於茲為盛，儒雅則公孫弘、董仲舒、兒寬，篤行則石建、石慶，質直則汲黯、卜式，推賢則韓安國、鄭當時，定令則趙禹、張湯，文章則司馬遷、相如，滑稽則東方朔、枚皋，應對則嚴助、朱買臣，曆數則唐都、洛下閎，協律則李延年，運籌則桑

六藝，招選茂異，而蕭望之、梁丘賀、夏侯勝、韋玄成、嚴彭祖、尹更始以儒術進，劉向、王襃以文章顯，將相則張安世、趙充國、魏相、丙吉、于定國、杜延年，治民則黃霸、王成、龔遂、鄭弘、召信臣、韓延壽、尹翁歸、趙廣漢、嚴延年、張敞之屬，皆有功迹見述於世。參其名臣，亦其次也。

臣褚遂良書

褚遂良

褚遂良（596—658年），字登善。钱塘（今浙江杭州）人。唐代著名书法家。官至吏部尚书，封河南郡公。工隶、楷、行书，少服膺虞世南，长则祖述王羲之，真书甚得媚趣。"太宗尝叹曰：虞世南死，无与论书者。魏征荐遂良，帝令侍书，时方博购王羲之法帖，天下争献，然莫能定其真伪。遂良独论所出，无舛冒者。"存世主要书迹有《孟法师碑》、《伊阙佛龛》、《雁塔圣教序》、《房梁公碑》及传本墨迹《摹兰亭序》、《倪宽赞》等。

《倪宽赞》，墨迹，纸本，乌丝栏，纵25.6厘米，横173.91厘米。楷书，50行，340字。

卷内钤有"素履"、"杨士奇氏"、"韩逢禧印"、"陈定书印"、"梁清标印"、"乾隆"、"嘉庆"、"宣统御览之宝"等鉴藏印。卷后有赵孟坚、邓文原、柳贯、杨士奇、钱溥等跋。曾经明韩贤良、杨士奇，清梁清标、清内府收藏。此帖清时刻入《三希堂》、《滋蕙堂》等帖，墨迹本现藏台北故宫博物院。

苏轼评《倪宽赞》书法"清远萧洒，微杂隶体。"赵孟頫认为该帖"容夷婉畅，如得道之士，世尘不能一毫婴之。"正如明人安世风《墨林快事》云："此赞用意细帖，运笔轻活，而一种老成尤自不可及，盖褚书中之最合作者。"

释文：

汉兴六十余载，海／内艾安，府库充实，／而四夷未宾，制度／多阙。上方欲用文／武，求之如弗及，始／以蒲轮迎枚生，见／主父而叹息。群士慕响，异人并出。卜／式拔于刍牧，弘羊／擢于贾竖，卫青奋／旧于奴仆，日磾出／于降虏，斯亦曩时／版筑饭牛之明已。／汉之得人，于兹为／盛。儒雅则公孙弘、／董仲舒、儿宽；笃行／则石建、石庆；质直／则汲黯、卜式；推贤／则韩安国、郑当时；定令／则赵禹、张汤；／文章则司马迁、相／如；滑稽则东方朔、／枚皋；应对则严助、／朱买臣；历数则唐都、洛下闳；协律则／李延年；运筹则桑／弘羊；奉使则张骞、／苏武；将率则卫青、／霍去病；受遗则霍／光、金日磾，其余不／可胜纪。是以兴造／功业，制度遗文，后／世莫及。孝宣承统，／纂修洪业，亦讲论／六艺，招选茂异，而／萧望之、梁丘贺、夏／侯胜、韦弘成、严彭／祖、尹更始以儒术／进，刘向、王褒以文／章显，将相张安世、／赵充国、魏相、丙吉、／于定国、杜延年，治／民则黄霸、王成龚／遂郑弘、召信臣、韩延寿、尹翁归、赵广／汉、严延年、张敞之／属，皆有功迹见述／于世。参其名臣，亦／其次也。／臣褚遂良书。／

孙过庭

孙过庭（646—691年），字虔礼（一说名虔礼，字过庭）。河南陈留人（一说浙江富阳人）。唐代著名书法家、书论家。生平事迹少有记载，从其友人陈子昂撰《孙虔礼墓志铭》和《祭孙录事文》中可知其出身寒微，迟至不惑之年始出任率府录事参军之职。以性高洁，遭谗议而去官。之后专注于书法研究，正、草书皆善。宋米芾以为唐草得二王法者，无出其右。传世作品有垂拱三年（687年）《书谱》真迹，文、书俱精，为后世所重。

《书谱》，墨迹，纸本，手卷。纵2615厘米，横900.8厘米。草书，351行，每行8—12字不

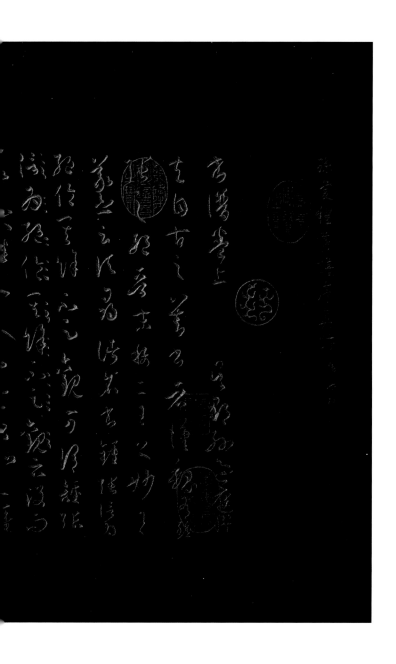

入笔，而轻重笔适用极为灵活。在章法上，就其总体来说是前收后放，前凝滞后跃宕。作者虽信手而书，但字与行形成呼应错落，字间的妙点构图起到画龙点睛之功效，萦带连贯或笔断意连处理的十分贴切。草法精熟，深得二王韵致。宋高宗曾评述："《书谱》匪特文词华美，且草法兼备。"是千百年来我国书法艺术宝库中的一颗明珠。

释文：

书谱卷上

吴郡孙过庭撰 / 夫自古之善书者，汉、魏有钟 / 张之绝，晋末称二王之妙。王 / 羲之云："顷寻诸名书，钟、张信为 / 绝伦，其余不足观。"可谓钟、张 / （此处重复：信为绝伦，其余不足观。）云没，而 / 羲，献继之。又云："吾书比之钟、 / 张，钟当抗行，或谓过之。张 / 草犹当雁行，然张精熟，池水 / 尽墨，假令寡人耽之若此，未 / 必谢之。"此乃推张迈钟之意也。 / 考其专擅，虽未果于前规； / 摭以兼通，故无惭于即事。评 / 者云："彼之四贤，古今特绝；而今 / 不逮古，古质而今妍。"夫质以代 / 兴，妍因俗易。虽书契之作， / 适以记言；而淳醨一迁，质文三 / 变，驰鹜沿革，物理常然。贵能 / 古不乖时，今不同弊，所谓"文质 / 彬彬，然后君子。"何必易雕宫于 / 穴处，反玉辂于椎轮者乎！又 / 云："子敬之不及逸少，犹逸少 / 之不及钟、张。"意者以为评得 / 其纲纪，而未详其始卒也。且元 / 常专工于隶书，伯英尤精于 / 草体，彼之二美，而逸少兼之。拟草则 / 余真，比真则长草，虽 / 专工小劣，而博涉多优，总其终 / 始，匪无乖互。谢安素善尺牍， / 而轻子敬之书。子敬尝作佳书 / 与之，谓必存录，安辄题后答之， / 甚以为恨。安尝问敬："卿书何如 / 右 / 军？"答云："故当胜。"安云："物论殊 / 不尔。"子敬又答："时人那得知！"敬虽权以此辞折安所鉴，自 / 称胜父，不亦过乎！且立身扬 / 名，事资尊显，胜母之里，曾 / 参不入。

等，共3700余字。是唐代孙过庭述历代书法和书法变迁之专著。真迹现藏台北故宫博物院。镌刻于辽河碑林古代馆。

自宋以后《书谱》刻本甚多，著名的有宋元祐二年（1087年）河东薛绍彭摹勒上石，称"薛刻本"，与现存墨迹本不同。另有清康熙五十五年（1716年）安岐以真迹摹刻，并附刻陈奕禧释文，镌工甚精，可谓下真迹一等。

《书谱》书法以圆笔为主，时有方笔，通篇作品有浑厚之感，端庄自然，十分生动。并巧用隶法，不觉生搬硬套，使之妙趣横生。书中多用露锋

以子敬之豪翰，绍右／军之笔札，虽复粗传楷则，／实恐未克箕裘。况乃假／托神仙，耻崇家范，以斯成／学，孰愈面墙！后羲之往都，／临行题壁。子敬密拭除之，／辄书易其处，私为不恶。羲／之还，见乃叹曰："吾去时真大／醉也！"敬乃内惭。是知逸少／之比钟、张，则专博斯别；子敬／之不及逸少，无或疑焉。余志／学之年，留心翰墨，味钟、张之余／烈，挹羲、献之前规，极虑专精，／时逾二纪，有乖入木之术，无／间临池之志，观夫悬针垂／露之异，奔雷坠石之奇，／鸿飞兽骇之资，鸾舞蛇惊／之态，绝岸颓峰之势，临危据槁之形；或重若崩云，或／轻如蝉翼，导之则泉注，顿／之则山安，纤纤乎似初月之出／天崖，落落乎犹众星之列河／汉；同自然之妙，有非力运之／能成；信可谓智巧兼优，心／手双畅；翰不虚动，下必有由。／一画之间，变起伏于锋杪；一／点之内，殊衄挫于毫芒。况云／积其点画，乃成其字；曾／不傍窥尺牍，俯习寸阴；引班／超以为辞，援项籍而自满；任笔为体，聚墨成形；心昏拟效之／方，手迷（写错：轻重之）挥运之理；求／其妍妙，不亦谬哉！然君子／立身，务修其本。杨雄谓：诗赋／小道，壮夫不为。况复溺思毫／厘，沦精翰墨者也！夫潜神对弈，／犹标坐隐之名；乐志垂纶，尚／体行藏之趣。讵若功定礼／乐，妙拟神仙，犹埏埴之罔穷，／与工炉而并运。好异尚奇之／士，玩体势之多方；穷微测妙／之夫，得推移之奥赜。著述／者假其糟粕，藻鉴者挹其／菁华，固义理之会归，／信（贤）达之兼善者矣。存精寓／赏，岂徒然与！（以下写错删除十七个字）而东晋士人，互相陶淬。至于／王、谢之族，郗、庾之伦，纵不尽／其神奇，咸亦挹其风味。去／之资（滋）永，斯道愈微。方复闻／疑称疑，得末行末。古今阻绝，／无所质问。设有所会，缄密／已深。遂令学者茫然，莫知／领要，徒见成功之美，不悟／所致之由。或乃就分布于／累年，向规矩而犹远，图／真不悟，习草将迷。假令／薄解草书，粗传隶法，／则好溺偏固，自阂通规。／讵知心手会归，若同源而／异派；转用之术，犹共树而／分条者乎！加以趋变适时，／行书为要；题勒方幅，真乃／居先。草不兼真，殆于专谨；／真不通草，殊非翰札。真以点／画为形质，使转为情性；草以／点画为情性，使转为形质。／草乖使转，不能成字；真亏／点／画，犹可记文。迴互虽殊，大体／相涉。故亦傍通二

篆，俯贯／八分，包括篇章，涵泳飞白。若／毫厘不察，则胡越殊风者／焉。至于钟繇隶奇，张芝草／圣，（以下缺五百四十一字）空著缣缃。暨乎崔、杜以来，萧、羊已往，代祀绵远，／名氏滋繁。或藉甚不渝，人亡／业显；或凭附增价，身谢道／衰。加以糜蠹不传，搜秘将／尽，偶逢缄赏，时亦罕窥，优／劣纷纭，殆难覙缕。其有显／闻当代，遗迹见存，无俟抑／扬，自标先后。且（以下五字错写删去）六文之作，肇自轩辕；八体之／兴，始于嬴政。其来尚矣，厥／用斯弘。但今古不同，妍质悬／隔。既非所习，又亦略诸。复有／龙蛇云露之流，龟鹤花英／之类，乍图真于率尔，或写瑞／于当年。巧涉丹青，工亏翰／墨，异夫楷式，非所详焉。代／传羲之《与子敬笔势论》十章，／文鄙理疏，意乖言拙，详其旨／趣，殊非右军。且右军位重／才高，调清词雅，声尘未泯，翰／牍仍存。观夫致一书，陈一事，／造次之际，稽古斯在；岂有贻／谋令嗣，道叶义方，章则顿亏，一至于此！（以下六字写错删去）又云与张伯英同学，斯乃／更彰虚诞。若指汉末伯英，／时代全不相接；必有晋人同／号，史传何其寂寥！非训非／经，宜从弃择。夫心之所达，不易尽于名言；言之／所通，尚难形于纸墨。粗可仿佛其状，纲纪其辞。冀酌希／夷，取会佳境。阙而末逮，请俟将来。今撰执、使、转、用／之由，以祛未悟。执，谓深浅长短之类是也；使，谓纵横牵／掣之类是也；转，谓钩环盘纡之类是也；用，谓点画向背之／类是也。方复会其数法，归于一途；编列众工，错综群妙。／举前人之未及，启后学于成规；窥其根源，析其枝派。贵使／文约理赡，迹显心通；披卷可明，下笔无滞。诡辞异说，／非所详焉。然今之所陈，务稗学者。但右军之书，代多称／习，良可据为宗匠，取立指归。岂惟会古通今，亦乃情深／调合。致使摹拓日广，研习岁滋，先后著名，多从散落；／历代孤绍，非其效与？试言其由，略陈数意：止如《乐毅／论》、《黄庭经》、《东方朔画赞》、《太史箴》、《兰亭集序》、《告誓文》，斯并／世俗所传，真行绝致者也。写／《乐毅》则情多怫郁；书《画赞》则意涉瑰奇；《黄庭经》则怡／怿虚无；《太史箴》又纵横争／折；暨乎《兰亭》兴集，思逸／神超；私门诫誓，情拘志惨。／所谓涉乐方笑，言哀已叹。／岂惟驻想流波，将贻啴喛／之奏，驰神睢涣，方思藻绘／之文。虽其目击道存，尚或／心迷议舛。莫不强名为体，共习分区。岂知情动形／言，取会风骚之意；阳

舒／阴惨，本乎天地之心。既失／其情，理乖其实，原夫所致，／安有体哉！夫运用之方，虽／由己出，规模所设，信属目前，差之一毫，失之千里，苟知／其术，适可兼通。心不厌精，／手不忘熟。若运用尽于精熟，规矩谙于胸襟，自然容与徘徊，意先笔后，潇洒流落，翰逸神飞，亦犹弘羊／之心，预乎无际；庖丁之目，不／见全牛。尝有好事者，就吾求／习，吾乃粗举纲要，随而授／之，无不心悟手从，言忘意得，纵未穷于众术，断可极／于所诣矣。若思通楷则，少／不如老；（此处多写："学不如老"删掉）学成规矩，老不如少。思则老而／愈妙，学乃少而可勉。勉之不已，抑有三时；时然一／变，极其分矣。至如初学／分布，但求平正；既知平正，务追险绝，既能险绝，复归平正。／初谓未及，中则过之，后乃通／会，通会之际，人书俱老。仲尼／云："五十知命"、"七十从心。"故以／达夷险之情，体权变之／道，亦犹谋而后动，动不失／宜；时然后言，言必中理矣。是以右军／之书，末年多妙，当缘思虑／通审，志气平和，不激不厉，／而风规自远。子敬已下，莫／不鼓努为力，标置成体，／岂独工用不伴，亦为神情／悬隔者也。或有鄙其所作，／或乃矜其所运。自矜者将穷／性域，绝于诱进之途；自／鄙者尚屈情涯，必有可通／之理。嗟乎，盖有学而不能，未／有不学而能者也。考之即事，／断可明焉。然消息多方，性情／不一，乍刚柔以合体，忽劳逸而／分躯。或恬憺雍容，内涵筋／骨；或折挫槎枿，外曜锋／芒。察之者尚精，拟之者贵／似。况拟不能似，察不能精，分／布犹疏，形骸未检；跃泉／之态，未睹其妍，窥井之／谈，已闻其丑。纵欲唐突／羲献，诬罔钟张，安能掩当／年之目，杜将来之口！慕习／之辈，尤宜慎诸。至有未悟／淹留，偏追劲疾；不能迅速，翻效迟重。夫劲速者，超／逸之机；迟留者，赏会之致。／将反其速，行臻会美之／方；专溺于迟，终／爽绝伦之妙。能速不速，／所谓淹留；因迟就迟，讵名／赏会！非其心闲手敏，难以兼／通者焉。假令众妙攸归，务存／骨气；骨既存矣，而遒润加／之。亦犹枝干扶疏，凌霜雪而／弥劲；花叶鲜茂，与云日而相／晖。如其骨力偏多，遒丽盖／少，则若枯槎架险，巨石当／路，虽妍媚云阙，而体质存／焉。若遒丽居优，骨气将／劣，譬夫芳林落蕊，空照／灼而无依；兰沼漂萍，徒青／翠而奚托。是知偏工易就，／尽善难求。虽学宗一家，／而变成多体，莫不随其性欲，／便以为姿：质直者则径／侹

不遒；刚很者又倔强无润；／矜敛者弊于拘束；脱易者失／于规矩；温柔者伤于软缓；／躁勇者过于剽迫；狐疑者／溺于滞涩；迟重者终于蹇钝；轻琐者染于俗吏。斯皆／独行之士，偏玩所乖。《易》曰："观／乎天文，以察时变；观乎人文，／以化成天下。"况书之为妙，近取／诸身。假令运用未周，尚亏／工于秘奥；而波澜之际，已浚／发于灵台。必能傍通点／画之情，博究始终之理，镕／铸虫篆，陶均草隶。体五／材之并用，仪形不极；象八／音之迭起，感会无方。至若／数画并施，其形各异；众点齐列，为／体互乖。一点成一字之规，一字／乃终篇之准。违而不犯，和而不／同；留不常迟，遣不恒疾；带／燥方润，将浓遂枯；泯规矩于／方圆，遁钩绳之曲直；乍显乍／晦，若行若藏；穷变态于毫／端，合情调于纸上；无间心手，／忘怀楷则；自可背羲献而／无失，违钟张而尚工。譬夫绛／树青琴，殊姿共艳；隋珠和／璧，异质同妍。何必刻鹤图／龙，竟惭真体；得鱼获兔，犹／吝筌蹄。闻夫家有南威／之容，乃可论于淑媛；有／龙泉之利，然后议于断／割。语过其分，实累枢机。／吾尝尽思作书，谓为甚合，时／称识者，辄以引示。其中巧／丽，曾不留目；或有误失，／翻被嗟赏。既昧所见，尤喻／所闻；或以年职自高，轻致／陵诮。余乃假之以湘缥，题／之以古目，则贤者改观，／愚夫继声，竟赏豪末之奇，／罕议锋端之失；犹惠／侯之好伪，似叶公之惧真。／是知伯子之息流波，盖有／由矣。夫蔡邕不谬赏，孙／阳不妄顾者，以其玄鉴精通／，故不滞于耳目也。向使奇／音在爨，庸听惊其妙响；／逸足伏枥，凡识知其绝群／，则伯喈不足称，伯乐未可尚也。／至若老姥遇题扇，初怨而后／请；门生获书机，父削而／子懊；知与不知也。夫士屈／于不知己，而申于知己；／彼不知也，曷足怪乎！故庄／子曰："朝菌不知晦朔，蟪蛄／不知春秋。"老子云："下士／闻／道，大笑之；不笑之则不／足以为道也。"岂可执冰而／咎／夏虫哉！自汉魏已来，论书者多矣，妍／蚩杂糅，条目纠纷：或重述／旧章，了不殊于既往；或苟兴／新说，竟无益于将来；徒使繁／者弥繁，阙者仍阙。今撰为六／篇，分成两卷，第其工用，名曰《书／谱》，庶使一家后进，奉以规／模；四海知音，或存观省。／缄秘之旨，余无取焉。／

垂拱三年写记。／

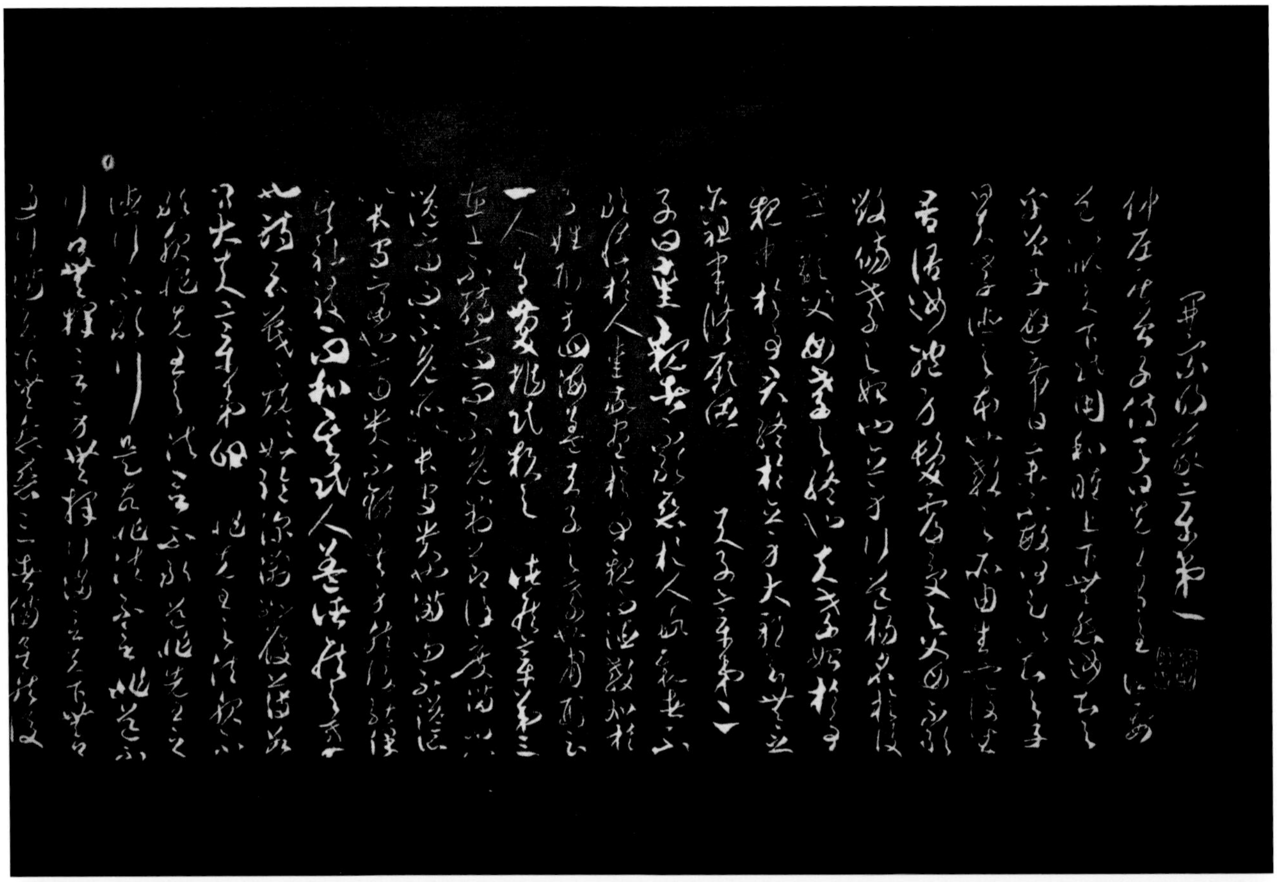

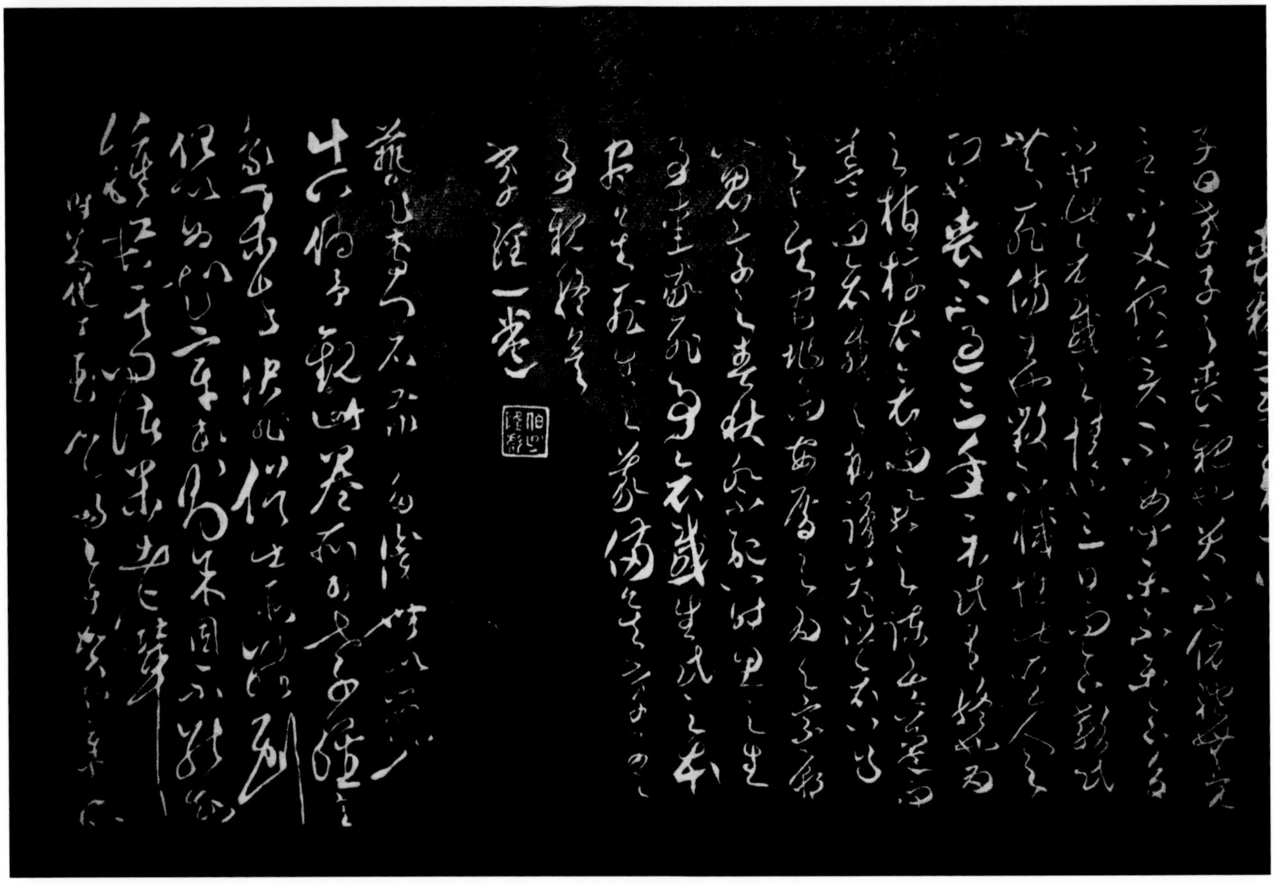

贺知章

　　贺知章（约659—744年），字季真，晚年自号四明狂客。越州永兴（今浙江萧山）人。唐代著名诗人、书法家，与李白、张旭等相善，为酒中八仙之一。开元中任礼部侍郎兼集贤院学士，迁太子宾客，授秘书监，史称"贺秘监"，简称"贺监"。

　　此卷《孝经》系草书，每行4—16字不等。卷尾有小楷题"建隆二年冬十月重粘表贺监墨迹"14字，历来传为贺知章所书。通篇气势奔放，落笔精绝，笔法遒健，意境高远，为文人学者所称誉。

释文：

○开宗明义章第一

仲尼居，曾子侍。子曰："先王有至德要道，以顺天下，民用和睦，上下无怨。汝知之乎？"曾子避席曰："参不敏，何足以知之？"子曰："夫孝，德之本也，教之所由生也。复坐，吾语汝。身体发肤，受之父母，不敢毁伤，孝之始也。立身行道，扬名于后世，以显父母，孝之终也。夫孝，始于事亲，中于事君，终于立身。《大雅》云：'无念尔祖，聿修厥德。'"

○天子章第二

子曰："爱亲者，不敢恶于人；敬亲者，不敢慢于人。爱敬尽于事亲，而德教加于百姓，刑于四海。盖天子之孝也。《甫刑》云：'一人有庆，兆民赖之。'"

○诸侯章第三

在上不骄，高而不危；制节谨度，满而不溢。高而不危，所以长守贵也。满而不溢，所以长守富也。富贵不离其身，然后能保其社稷，而和其民人。盖诸侯之孝也。《诗》云："战战兢兢，如临深渊，如履薄冰。"

○卿大夫章第四

非先王之法服不敢服，非先王之法言不敢道，非先王之德行不敢行。是故非法不言，非道不行；口无择言，身无择行；言满天下无口过，行满天下无怨恶：三者备矣，然后能守其宗庙。盖卿、大夫之孝也。《诗》云："夙夜匪懈，以事一人。"

○士章第五

资于事父以事母，而爱同；资于事父以事君，而敬同。故母取其爱，而君取其敬，兼之者父也。故以孝事君则忠，以敬事长则顺。忠顺不失，以事其上，然后能保其禄位，而守其祭祀。盖士之孝也。《诗》云："夙兴夜寐，无忝尔所生。"

○庶人章第六

用天之道，分地之利，谨身节用，以养父母。此庶人之孝也。故自天子至于庶人，孝无终始，而患不及者，未之有也。

○三才章第七

曾子曰："甚哉，孝之大也！"子曰："夫孝，天之经也，地之义也，民之行也。天地之经，而民是则之。则天之明，因地之利，以顺天下。是以其教不肃而成，其政不严而治。先王见教之可以化民也，是故先之以博爱，而民莫遗其亲，陈之以德义，而民兴行。先之以敬让，而民不争；导之以礼乐，而民和睦；示之以好恶，而民知禁。《诗》云：'赫赫师尹，民具尔瞻。'"

○孝治章第八

子曰："昔者明王之以孝治天下也，不敢遗小国之臣，而况于公、侯、伯、子、男乎？故得万国之欢心，以事其先王。治国者，不敢侮于鳏寡，而况于士民乎？故得百姓之欢心，以事其先君。治家者，不敢失于臣妾，而况于妻子乎？故得人之欢心，以事其亲。夫然，故生则亲安之，祭则鬼享之。是以天下和平，灾害不生，祸乱不作。故明王之以孝治天下也如此。《诗》云：'有觉德行，四国顺之。'"

○圣治章第九

曾子曰："敢问圣人之德，无以加于孝乎？"子曰："天地之性，人为贵。人之行，莫大于孝。孝莫大于严父。严父莫大于配天，则周公其人也。昔者周公郊祀后稷以配天，宗祀文王于明堂，以配上帝。是以四海之内，各以其职来祭。夫圣人之德，又何以加于孝乎？故亲生之膝下，以养父母日严。圣人因严以教敬，因亲以教爱。圣人之教不肃而成，其政不严而治，其所因者本也。父子之道，天性也，君臣之义也。父母生之，续莫大焉。君亲临之，厚莫重焉。故不爱其亲而爱他人者，谓之悖德；不敬其亲而敬他人者，谓之悖礼。以顺则逆，民无则焉。不在于善，而皆在于凶德，虽得之，君子不贵也。君子则不然，言思可道，行思可乐，德义可尊，作事可法，容止可观，进退可度，以临其民。是以其民畏而爱之，则而象之。故能成其德教，而行其政令。《诗》云：'淑人君子，其仪不忒。'"

○纪孝行章第十

子曰："孝子之事亲也，居则致其敬，养则致其乐，病则致其忧，丧则致其哀，祭则致其严。五者备矣，然后能事亲。事亲者，居上不骄，为下不乱，在丑不争。居上而骄则亡，为下而乱则刑，在丑而争则兵。三者不除，虽日用三牲之养，犹为不孝也。"

○五刑章第十一

子曰："五刑之属三千，而罪莫大于不孝。要君者无上，非圣者无法，非孝者无亲。此大乱之道也。"

○广要道章第十二

子曰："教民亲爱，莫善于孝。教民礼顺，莫善于悌。移风易俗，莫善于乐。安上治民，莫善于礼。礼者，敬而已矣。故敬其父，则子悦；敬其兄，则弟悦；敬其君，则臣悦；敬一人，而千万人悦。所敬者寡，而悦者众，此之谓要道也。"

○广至德章第十三

子曰："君子之教以孝也，非家至而日见之也。教以孝，所以敬天下之为人父者也。教以悌，所以敬天下之为人兄者也。教以臣，所以敬天下之为人君者也。《诗》云：'恺悌君子，民之父母。'非至德，其孰能顺民，如此其大者乎！"

○广扬名章第十四

子曰："君子之事亲孝，故忠可移于君。事兄悌，故顺可移于长。居家理，故治可移于官。是以行成于内，而名立于后世矣。"

○谏诤章第十五

曾子曰："若夫慈爱、恭敬、安亲、扬名，则闻命矣。敢问子从父之令，可谓孝乎？"子曰："是何言与，是何言与！昔者天子有争臣七人，虽无道，不失其天下；诸侯有争臣五人，虽无道，不失其国；大夫有争臣三人，虽无道，不失其家；士有争友，则身不离于令名；父有争子，则身不陷于不义。故当不义，则子不可以不争于父，臣不可以不争于君；故当不义则争之。从父之令，又焉得为孝乎！"

○感应章第十六

子曰："昔者明王事父孝，故事天明；事母孝，故事地察；长幼顺，故上下治。天地明察，神明彰矣。故虽天子，必有尊也，言有父也；必有先也，言有兄也。宗庙致敬，不忘亲也；修身慎行，恐辱先也。宗庙致敬，鬼神著矣。孝悌之至，通于神明，光于四海，无所不通。《诗》云：'自西自东，自南自北，无思不服。'"

○事君章第十七

子曰："君子之事上也，进思尽忠，退思补过，将顺其美，匡救其恶，故上下能相亲也。《诗》云：'心乎爱矣，遐不谓矣。中心藏之，何日忘之？'"

○丧亲章第十八

子曰："孝子之丧亲也，哭不偯，礼无容，言不文，服美不安，闻乐不乐，食旨不甘，此哀戚之情也。三日而食，教民无以死伤生。毁不灭性，此圣人之政也。丧不过三年，示民有终也。为之棺椁衣衾而举之，陈其簠簋而哀戚之；擗踊哭泣，哀以送之；卜其宅兆，而安措之；为之宗庙，以鬼享之；春秋祭祀，以时思之。生事爱敬，死事哀戚，生民之本尽矣，死生之义备矣，孝子之事亲终矣。"

三敬日晴頓热若爲自道也
催少理欲使小兒入京嘗隋
澧州之有書不示之諸以欲
賽乏九百之事豈不頃爽
也故使馳問不具李邑白
十二日差無多事捉投未
一會集可通長孫五郎

李邕

　　李邕（678—747年），唐代书家，字泰和。江都（今之江苏扬州）人。官汲郡北海太守，人称"李北海"。擅正、行、草书，初学王羲之，既得其妙，复乃摆脱旧习，笔力一新。其书长于碑颂，存世书迹有《李思训碑》、《岳麓寺碑》、《李秀碑》等。

　　《晴热帖》刻本，手札，传唐李邕书。行书，7行，行9—10字不等。北京故宫博物院藏宋拓本。此帖亦称《三数日晴帖》、《检校帖》，无书写年月，著录首见《淳化阁帖》卷四《历代名臣法帖》后，《大观帖》亦刻入，两本刻帖均依北宋内府旧藏摹刻，可见此帖真迹至宋大观年间尚在内府，后流传无绪，记载不详。

　　《晴热帖》刻工精湛，笔画瘦劲，点画分明，毫无拖沓之处，字与字倚侧相间，个别连笔如游丝飞空，飘逸多姿。据考证当为李氏晚年所书（约书于734年），因其为手札，信笔挥洒，随意而又自然，与李邕其他巨制宏大、规整谨严的碑刻相比，则显得诡奇多变，别具一格。

释文：

三数日晴，顿热，若为自适也。／仆少理，欲使小儿入京，当从／澧州去，有书不？示之。诸公叹／赛无九百之事，当不复爽／也。故使驰问，不具。李邕白，／十二日，差无多事检校来／一言集耳，通长孙五郎。

唐人《月仪帖》

　　唐人《月仪帖》，墨迹，纸本，册页，草书，旁有行楷释文，53行，每行字数不一，共465字。分为10幅，每幅尺寸分别为：纵25.1厘米，横16.8厘米；纵25.3厘米，横19.1厘米；纵25.3厘米，横17.5厘米；纵25.3厘米，横17厘米；纵25.3厘米，横18.8厘米；纵25.3厘米，横15.7厘米；纵25.3厘米，横14厘米；纵25.3厘米，横18.1厘米；纵25.3厘米，横15厘米；纵25.3厘米，横10.8厘米。另有副叶，前副叶纸本，四幅，有赵秉冲书御制诗并识；后副叶纸本，三幅，有谢缙、王文治跋文。钤嘉庆宝玺等。嘉庆朝入清内府，现藏台北故宫博物院。

　　此册原题签"唐人月仪帖"，又称"唐人十二月朋友相闻书册"，分十二月令，制为尺牍。今缺正、二、五月三首，第三首标题字缺。

释文：

（一幅）

（三月季春）

芳信远临，还同面叙。披文解封，企 / 望成劳。言散未期，咏情何极。方 / 今啼莺转树，戏鸟萦林。柳絮 / 惊飘，花飞乱影。对斯节候， / 叹恨繁怀。谨附寸心，希垂尺素。

（二幅）

四月孟夏

往昔分飞，本期暂别。何因一阻，遂即 / 经年。况夏时暄，炎风渐扇。眷望 / 之积，伊何可言。每叹行云，恒思 / 归便。倦情不已，忆念增深。幸愿高 / 明，伏垂下问。

（三幅）

六月季夏

自从分袂，各处游方。既阻关河，音 / 书断绝。近问往信，敬想为劳。言展 / 未期，叹善无以。炎光极热，毒 / 气伤人。足下此时，如何安适。为奉言 / 叙，竟想追寻。谨遣一行，希垂玉封。

（四幅）

七月孟秋

离分一日，情甚三秋。执别暂时，心同 / 积岁。何期暌阻，言会具然。忧虑之 / 劳，不能已矣。况公景悦三秋，时欢七夕。 / 不任延想，望睹思人。谨遣数行，希 / 还一字。

（五幅）

八月仲秋

适忆奉辞，经今数载。何期分袂，遂 / 绝知闻。企望白云，心归故理。俯思素 / 友，情想披寻。况高树吟蝉，雕堂去 / 燕。羁游盛思，独叙伤怀。寄此深 / 心，希存来问。

（六幅）

九月季秋

奉辞言展，遂隔数旬。时候徂秋，能 / 无驰仰。青山带地，叙念无期。况阻 / 关河，弥增翘轸，不任延想。望睹 / 思贤。谨付一行，代申面及。

（七幅）

十月孟冬

翔雁孤鸣，深动羁人之思。飞蓬 / 独转，更伤旅客之悲。况阻关河，能 / 无怨及。相见未晚，积恨为劳。信 / 至如疏，希归一札。

（八幅）

十一月仲冬

秋首分飞，许即相见。为缘公务，遂 / 阙躬参。恨忆劳心，寸阴如载。睹冰 / 池之写镜，云似羁愁。属寒雪 / 之凝花，弥添旅思。奉面未日，略 / 略修承。

（九幅）

十二月季冬

春首分离，本期两月。如何一别，便 / 阻三冬。断绝音书，无慰勤积。 / 比加寒风飘雪，等柳絮之惊飞。 / 不审高贤，何当故理。深思言会，

（十幅）

/ 仰望成劳。驰奉数行，谨伫来 / 问。 / 吾前后书惟此本佳也。

鶴鴝頌 俯同魏光乘作

朕之兄弟唯有五人以

為方伯歲一朝貝雛

戴崇藩屏而有睽謔

失是以毅牧人而各

守京職每聽政之

後延入宫榍申文于

之志詠常棣之詩筌

知怡如展天倫之

愛也秋九月幸百省

鶴鴝千數栖集於

麟德之庭樹竟旬

焉飛鳴行徊浮在

原之趣昆季相樂

縱目而觀者久之遍

結氣清歷兮桂宫蘭

殿唯而息宴栖雕

渠兮行摇飛鳴急

雖有情兮有餘兮

顧惟德涼風夜競惶

魁化疎兮上之所教

下之所效實在乎兮

天倫之性魯衛公政

親陽賢居兮愛遊愛

愛愛笑愛邇廷庭

除兮觀此翩俛兮悅

我心良史書兮

李隆基

唐玄宗（685—762年），李姓，名隆基，出生于洛阳。睿宗第三子。自幼"孝友慈仁，善骑射，通音律、历象之学。好图书，工八分、章草，丰茂英特。"据台湾著名已故画家江兆申先生考证：《鹡鸰颂》应是玄宗在开元七年（719年）所书，时年34岁。

《鹡鸰颂》，墨迹，纸本，手卷。纵24.5厘米，横184.9厘米。是目前仅存的唐玄宗李隆基行书墨迹。全卷计44行，331字。钤有"宣和"、"政和"、"内府图书之印"、"部曲将印"、"晋府图书"、"吴廷"、"石渠宝笈"、"嘉庆"、"宣统御览之宝"等鉴藏印。曾经宋宣和内府、明晋王府、吴廷、清内府等收藏，后有蔡京、蔡卞以及清人王文治等人跋。现藏台北故宫博物院。

《鹡鸰颂》为魏光乘所撰，以喻兄弟之情谊。《旧唐书》中记魏光乘开元年间任左卫率府长史，是个博学多识之人，后因讥诮朝士而遭贬。正如唐玄宗在《鹡鸰颂》序中所赞："才雄白凤，辩壮碧鸡，以其宏达博识，召至轩槛。预观其事，以献其颂。"

综观此卷，从书法结体上看，与《兰亭序》极其相似，有些字学得惟妙惟肖。而在用笔方面却简率平直，变化较少，故而没有王书特有的优雅蕴藉之态，说明玄宗既学王书，同时也有"应舍"。此卷如实地表现了玄宗务在求胜的张力和时代的风尚，堪称书法史上的重要墨迹。

释文：

鹡鸰颂。俯同魏光乘作。／朕之兄弟，唯有五人，比／为方伯，岁一朝见。虽／载崇藩屏，而有暌谈／笑，是以辍牧人而各／守京职。每听政之／后，延入宫掖，申友于／之志，咏《常棣》之诗。邕／邕如，怡怡如，展天伦之／爱也。秋九月辛酉，有／鹡鸰千数，栖集于／麟德之庭树，竟旬／焉。飞鸣行摇，得在／原之趣，昆季相乐，／纵目而观者久之。／逼／之不惧，翔集自若。／朕以为常鸟，无所志怀。左清道率府／长史魏光乘，才雄白／凤，辩壮碧鸡，以其宏／达博识，召至轩槛。／预观其事，以献其／颂。夫颂者，所以揄扬／德业，褒赞成功，顾／修虚昧，诚有负矣。美／其彬蔚，俯同颂云：／伊我轩宫，奇树青／葱，蔼周庐兮。冒霜／停雪，以茂以悦，恣／卷舒兮。连枝同荣，／吐绿含英，曜春初兮。／蓂收御节，寒露溆／结，气清虚兮。桂宫兰／殿，唯所息宴，栖雍／渠兮。行摇飞鸣，急／难有情，情有余兮。／顾惟德凉，夙夜兢惶，／惭化踈兮。上之所教，／下之所效，实在予兮。／天伦之性，鲁卫分政，／亲贤居兮。爱游爱／处，爱笑爱语，巡庭／除兮。观此翔禽，以悦／我心，良史书兮。

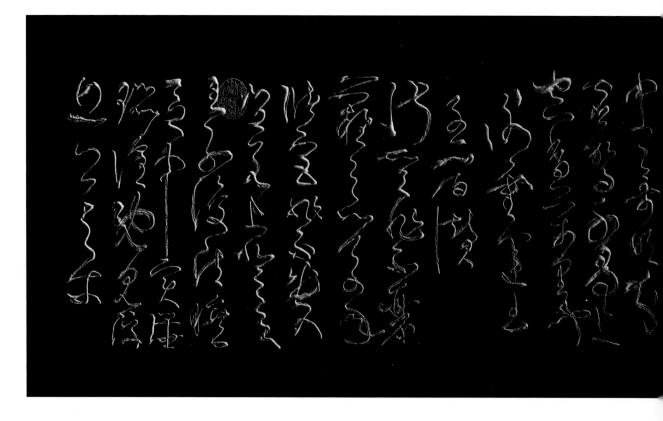

张旭

　　张旭，字伯高，又字季明，生卒年不详。唐朝吴县（今江苏苏州）人。主要活动于唐开元、天宝年间，曾任常熟县尉、金吾长史，人称张长史，因其性格狂放不羁，亦称张颠。张氏能诗善书，其书学二王笔法，与智永、虞世南、陆柬之一脉相承。草书成就极高，与李白诗歌、裴旻剑舞称为"三绝"，与另一草书大家怀素并称为"颠张醉素"。传世书迹有《郎官石柱记》、《残碑千字文》、《肚痛帖》、《草书心经》、《古诗四帖》等。

　　《古诗四帖》，墨迹，五色笺，卷本。书心纵29.5厘米，横195.2厘米。大草，40行，行3—7字不等，共180字。钤有"政和"、"内府图书之印"、"项元汴印"、"乾隆"、"嘉靖御览之宝"、"宣统鉴赏"等鉴藏印。帖后有丰道生、董其昌跋。曾经宋宣和内府、清内府等收藏，今藏辽宁省博物馆。

　　《古诗四帖》中第一、二则书庾信步虚词，第三、四则书谢灵运王子晋赞和岩下一老翁四五少年赞。此帖狂草如董其昌所述："有悬崖坠石，疾风骤雨之势。"运笔以"圆头逆入"突破了

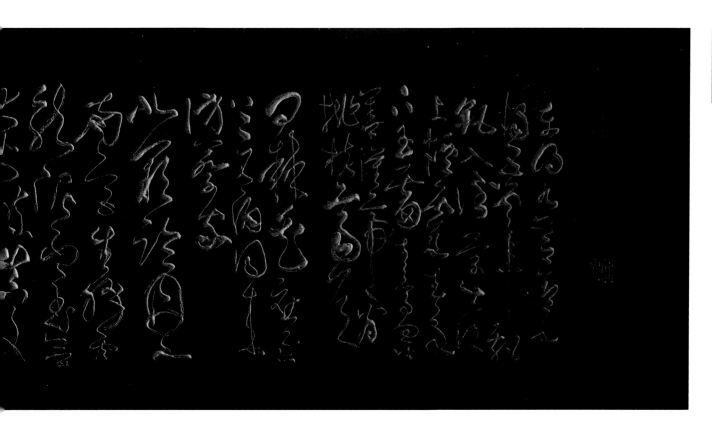

盛唐以前"方头侧入"的古法。通篇气势磅礴，布局大开大合，落笔千钧，狂而不怪，气势奔放纵逸，堪称稀世珍品。

释文：

东明九芝盖，北／烛五云车。飘／飖入倒景，出没／上烟霞。春泉／下玉霤，青鸟向金／华。汉帝看／桃核，齐侯／向棘花。应逐／上元酒，同来／访蔡家。／北阙临丹水，／南宫生绛云。／龙泥印玉简，／大火炼真文。／上元风雨散，／中天歌吹分。／虚驾千寻上，／空香万里闻。

谢灵运王／子晋赞／淑质非不丽，／难之以万年；／储宫非不贵，／岂若上登天。／王子复清旷，／区中实（此多写一字）嚣喧，既见浮／丘公，与尔／共纷翻。

岩下一老翁／四五少年赞／衡山采药人，／路迷粮亦绝。／过息岩下坐，／正见相对说。／一老四五少，／仙隐不别／可？其书非／世教，其人／必贤哲。／

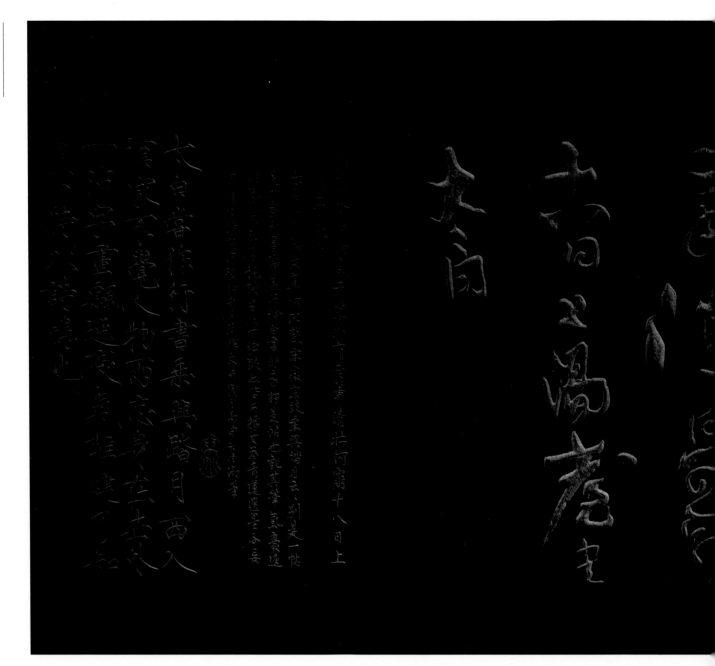

李白

李白（701—762年），字太白，号青莲居士，生于武周大足元年，卒于唐肃宗宝应元年，终年62岁。祖籍陇西成纪（今甘肃泰安县），迁居锦江昌隆（今四川江油县），曾一度任供奉翰林，不久即罢。性狂放，好诗文，善书法，有"诗仙"之称。

《上阳台帖》墨迹，白麻纸本，手卷，纵29.3厘米，横39.7厘米，行草书5行，25字。帖前有宋徽宗瘦金书题签"唐李白上阳台"七字。卷后有徽宗赵佶等人跋记，曾为宋内府珍品，经张晏、欧阳玄、项元汴、梁清标、清内府、张伯驹等收藏，现藏北京故宫博物院。

此帖豪爽飘逸，笔势放纵，超绝尘俗，如李白之诗歌。正如黄庭坚评云："李白在开元、天宝间不以能书传，今其行草，殊不减古人，盖所谓不烦绳削而自合者欤。"《宣和书谱》云："白尝作行书，字画尤飘逸。"这些评述大致反映了他书法的特点。

释文：

山高水长，物象/千万，非有老/笔，清壮何穷。/十八日，上阳台书。/太白。/

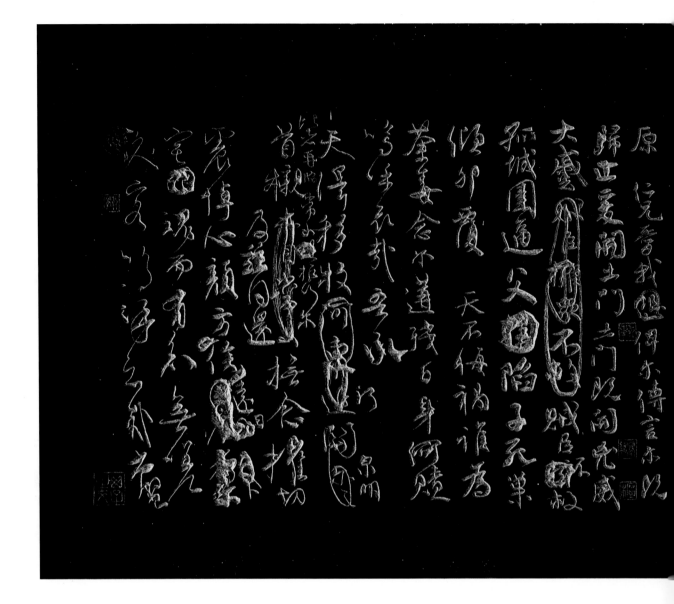

颜真卿

　　颜真卿（709—785年），字清臣。琅琊临沂（今属山东省）人。唐代富于变革精神的伟大书法家，生于唐中宗景龙三年，官至户部侍郎，太子太师，封鲁国公，世称"太师"、"鲁公"。颜氏世代书香，先祖多以能书者著称。他自幼克承家学，善辞章、工书法。书法取法前贤，融入篆籀，结体宽舒，突破成规，独辟蹊径，一改初唐士人步趋二王之积习。他的楷书被誉为"颜体"，迄今仍是人们钟爱的临学范本。他还精于行草书，传世作品有《争坐位帖》、《祭侄文稿》、《祭伯父稿》等，为历代书家所宝爱。

　　颜真卿所书《祭侄文稿》全称《祭侄季明文稿》，麻纸，墨迹本，纵28.16厘米，横72.32厘

米。行草书25行，234字。

颜真卿侄儿颜季明殉难于安史之乱，颜真卿在乾元元年（758年）祭于其灵，此为祭文的稿本。通观全篇，信笔挥就，一气呵成，是一篇无意于佳而至佳的千古名作。

文稿后钤有"赵子昂氏"、"鲜于枢伯几文"、"张晏和印"、"句曲外史"、"吴廷"、"杨明时印"、"陈定平生真赏"、"徐乾学之印"、"石渠宝笈"、"嘉庆"等鉴藏印。前隔水有"颜鲁公书祭侄帖"题识，乾隆书引首"祭侄稿记"，幅后有张晏、鲜于枢、徐乾学等跋文，周密、屠约、僧德一、王图炳等观款。此卷曾经入宋内府，元张晏、鲜于枢，明吴廷，清徐乾学、王鸿绪、清内府等收藏，现藏于台北故宫博物院。

《祭侄文稿》中有不少字主笔突出，线条流畅，钩挑长大尖锐，显得势不可挡。善用对比手法，大起大落，相反而相成。正如陈深在《停云阁帖题记》中评曰："此帖纵笔浩放，一泻千里，时出遒劲，杂以流利，或如篆籀，或若镌刻，其妙解处，殆出天造。岂非当公注思为文而于字画无意于工，而反极其工邪！"事实上颜真卿当时出于对侄儿的怜爱和哀思，对叛军的仇恨，将一腔悲愤之情泄于纸上，因此文章与书法一样都成了思想的载体，都无意于工而反极工。这点我们可以从圈改涂抹的文章和狼藉飞动的笔画中得到证明。

《竹山堂连句》，墨迹，绢本，册页，全30页，各页纵28.2厘米，横13.7厘米不等，唐颜真卿楷书，册中钤"晋府书画之印"、"晋府图书"等鉴藏印。册后有宋米友仁、清姚鼐、铁保、近人叶恭绰题跋。曾经宋高宗内府，明晋王府、王懋，清梁清标、安歧等人收藏，现藏北京故宫博物院。

《竹山堂连句》写于大历九年（774年），是颜真卿和陆羽、李萼等人在潘述的竹山堂书斋酬唱之诗句。楷书笔势浑厚雄健，圆劲豪放，变前人之法而独创一体，对后世影响极大。

释文：

（《祭侄文稿》）

维乾元元年，岁次戊戌，九月庚／午朔，三日壬申。第十三（从父）叔银青光禄／夫使持节

还。抚念摧切，/ 震悼心颜。方俟（□□□）/ 远日，卜尔 / 幽宅，（□）魂而有知，无嗟 / 久客。呜呼哀哉，尚飨。

注：括号内为涂去字。

（《竹山堂连句》）

竹山连句，/ 题潘书。/ 光禄大夫、/ 行湖州刺 / 史、鲁郡公 / 颜真卿叙 / 并书。/

竹山招隐 / 处，潘子读 / 书堂（真卿）。万 / 卷皆成帙，/ 千竿不作 / 行（处士陆羽）。练 / 容 / 浪沆瀁，濯 / 足咏沧浪（前殿中侍御史广汉李萼）。守道 / 心自乐，下 / 帷名益彰（前梁县尉河东裴修）。风来 / 似秋兴，花 / 发胜河阳（推官会稽康造）。支策 / 晓云近，援 / 琴春日长（评事范阳汤清河）。水田 / 聊学稼，野 / 圃试条桑（释皎然）。巾折定 / 因雨，履穿 / 宁为霜（河南陆士修）。/ 解衣垂蕙 / 带，拂席坐 / 藜床（河南房燮）。檐 / 宇驯轻翼，/ 簪裾染众 / 芳（颜粲）。草生 / 还近砌，藤 / 长稍依墙 / （颜颛）。鱼乐怜 / 清浅，禽闲 / 喜颉行（颜须）。/ 空园种桃 / 李，远墅下 / 牛羊（京兆韦介）。读 / 易三时罢，围碁百事 / 忘（洛阳丞赵郡李观）。境 / 幽神自王，道在器犹 / 藏（詹事司直河南房益）。昼 / 歠山僧茗，/ 宵传野客 / 觞（河东柳淡）。遥峰 / 对枕席，丽 / 藻映缣缃（永穆丞颜岘）。偶得幽 / 棲地，无心 / 学郑乡（述上）。/ 会大历九 / 年春三月。

蒲州诸军事、蒲州 / 刺史、上轻车都尉、丹杨县开国 / 侯真卿。以清酌庶羞祭于 / 亡侄，赠赞善大夫季明之灵。曰：惟尔挺生，凤标幼德。宗庙瑚琏，/ 阶庭兰玉（方凭积善），每 / 慰 / 人心。方期戬谷，何图逆贼间衅，称兵犯顺。尔父竭诚（□制被迫），常 / 山作郡，余时受命，亦在平 / 原。仁兄爱我（恐），俾而传言。尔既 / 归止，爰开土门。土门既开，凶威 / 大蹙。（"贼臣拥众不救），贼臣不（拥）救，/ 孤城围逼，父擒陷子死，巢 / 倾卵覆。天不悔祸，谁为 / 荼毒？念尔遘残，百身何赎？/ 呜呼哀哉！吾承 / 天泽，移牧（河东近）河关。泉明（尔之）比者，再陷常山（提）。携尔 / 首榇，（亦自常山）及兹同

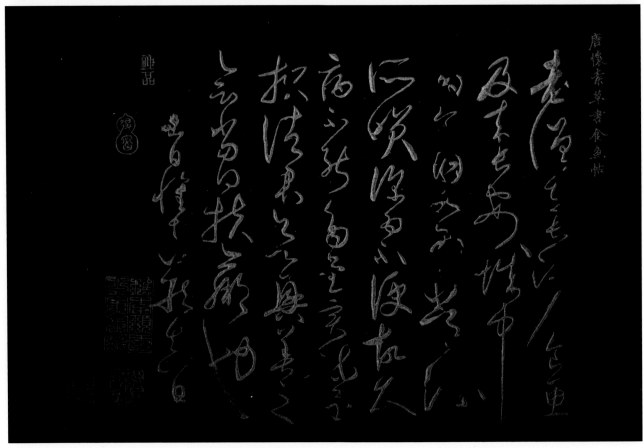

怀素

怀素（725—785年），俗姓钱，字藏真。长沙人。唐代著名书法家。幼时出家，为玄奘门人，上元三年（762年）诏住西太原寺，性灵豁畅，嗜酒，一日九醉，时人谓之"醉僧"。善书，尤以草书著名，宗张旭、二王。明人称其"虽率意颠逸，千变万化，终不离魏晋法度也"。存世作品有《苦笋帖》、《自叙帖》、《小草千字文》、《论书帖》、《食鱼帖》等。

《苦笋帖》，墨迹，绢卷本。纵25.1厘米，横12厘米。草书，2行14字。帖前有金书绢标鉴"唐僧怀素草书苦笋帖"九字，乾隆题引首"醉僧逸翰"。钤有"宣和"、"政和"、"绍兴"、"内府图书之印"、"乐道主人"、"欧阳玄印"、"项子京家珍藏"、"正谊书屋珍藏图书"、"士奇之印"、"仪周珍藏"、"竹明真赏"、"乾隆御览之宝"、"永瑆之印"、"恭亲王"、"心野居士"等鉴藏印。帖后有米友仁、项元汴、李佐贤等跋，聂子述观款。宝庆改元俞松重装记。曾经宋绍兴内府、元欧阳玄、明项元汴、清安岐、清内府、恭亲王、溥儒、周湘云等收藏，现存上海博物馆。

《苦笋帖》墨气精采，书法流逸，情趣超妙，穷极变化，为怀素传世墨迹中之上品。

释文：

苦笋及茗异常佳， / 乃可迳来。怀素上。

《食鱼帖》，水墨白麻纸本，手卷。纵34.5厘米，横52.4厘米。8行，56字。引首米汉雯书"翰珍"。

怀素《食鱼帖》略有破损模糊，但是"墨色浓润，神采不失"。书法高华圆润，放逸而不狂怪，笔墨精彩动人，使转灵活，提按得当，风格在真迹《苦笋帖》、宋拓本《律公帖》等之间，结字亦近宋临本《自叙帖》。

释文：

老僧在长沙食鱼，及来长安城中，多食肉，又为常流所笑，深为不便。故久病，不能多书，实疏（按：此字左半已破损）。还报诸君，欲兴善之会，当得扶羸也。□日怀素藏真白。

此外，辽河碑林还镌刻了《自叙帖》、《小草千字文》等。

空海

　　空海（774—835年），俗姓佐伯氏，赞岐国（今日本香川县）多度郡屏风浦佐伯公之子。日本平安时期僧人，日本古典书法最具代表性的书家。与桔逸势、嵯峨天皇一并被尊为日本书法史上的"三笔"。少时接受中国传统文化的熏陶，18岁入京学，中途退学，遍游山林，不涉世事。随后出家受沙弥戒，研究大乘教义，并专习书法。30岁时（804年）到中国大唐修学密宗（真言宗）正统。驻足一年半，此间遍览中国书法名品，搜集名家墨宝、碑帖与书论著作。后以真言宗第八祖携200余卷经典、法典及法书名迹回国，受到日本各界的注目。

　　《弘法大师笔天牍三通》，墨迹，纸本，手卷。纵约9厘米，横约251厘米，日本空海行草书。

　　空海的书法作品真迹传世很少，《风信帖》、《忽披帖》、《忽惠帖》是空海写给好友最澄的信札，原有五通。后来一通被盗，一通为丰臣秀次所有，仅剩三通尺牍，现藏日本京都教王护国寺内。

　　此件信札师法王羲之，但却不求形式，重个性发挥。用笔有涩有畅，多以顺锋入纸，显得钝而古拙。结体以平正为主，时参以灵活的变化。通篇气韵连贯而灵动，属空海书法作品之上乘。

释文：

风信云书，自天翔临，／披之阅之，如揭云雾。兼／惠止观妙门，顶戴供养，／不知攸厝已冷，伏惟，／法体何如？空海推常，拟／随命跻攀彼巅。限以少／愿，不能东西。今思与我金兰／及室山集会一处商量佛／法大事因缘，共建法幢，报／佛恩德。望不惮烦劳，蹔／降赴此院。此所望、所望、忽忽／不具。释空海状上。／九月十一日。／东岭金兰法安／谨空

忽披枉书，已销陶尔。／御香两裹，及左卫士／督尊书状，并谨领／讫。迫以法仪，暂阙谈／披，过此法期披云。／因还信奉，此不具。／释遍照状上。／九月十三日。

忽惠书札，深以慰性，香／等以三日来也。从三日起／首至九日，一期可终。／十日拂晨，将参入愿／留意相待，是所望。／山城石川两大德，深／渴仰、望申意也。／仁王经等修讲师将／去未还后日亲将去／奉呈。莫责莫责也。因／还人不具。沙门遍照状上，／九月五日／今观　座主　法安／谨空／已上人致／五枚／八尺七寸五分。

因

太宗書卷首見此兩行

十字遂連此卷求若珠還合

浦劍入延平大和三年三月

十日同賀永郎柳公權　記

這梨未雪南屋氏凄雪克秀大谷殊因王芳多彦

羊老龍鳳此連筆諫人乾隆丁丑濡題

柳公权

柳公权（778—865年），字诚悬。河东郡（今山西永济）人。封河东郡公，后亦称"柳河东"。官至太子少师，故世称"柳少师"。唐朝著名书法家颜真卿的后继者。后世以"颜柳"并称，成为历代书法楷模。他的书法初学王羲之，后遍观唐代名家书法，认为颜真卿、欧阳询的字最好，便吸取了颜欧之长，自成一体。

《跋送梨帖》是柳公权51岁时在王献之《送梨帖》后的跋，小楷43字。此跋没有碑版中字的拘谨，而自然映带；没有怒张之筋骨，而笔致含蓄；没有平正均匀之苛求，而自有真趣。故世人誉为"神品"。

释文：

因太宗书卷首见此两行／十字，遂连此卷末，若珠还合／浦，剑入延平。大和二年三月／十日司封员外郎柳公权记。

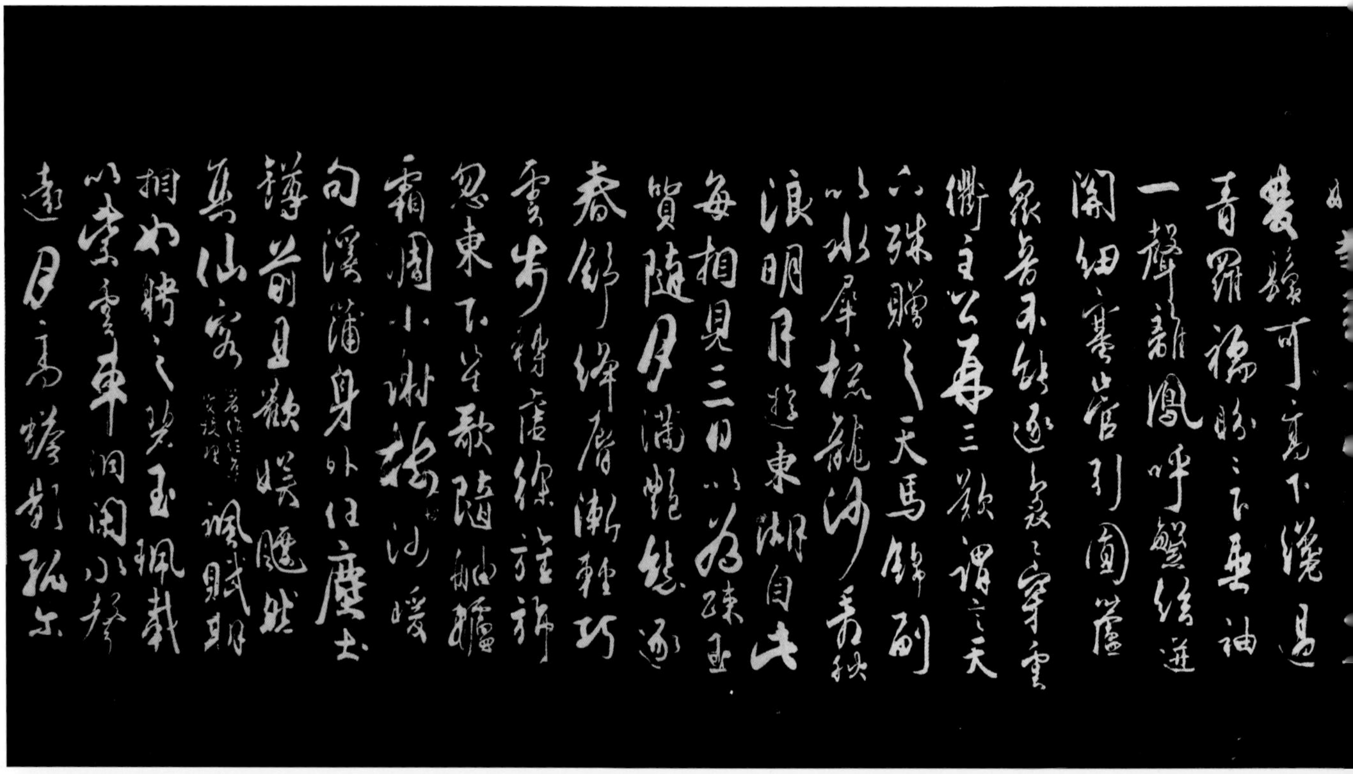

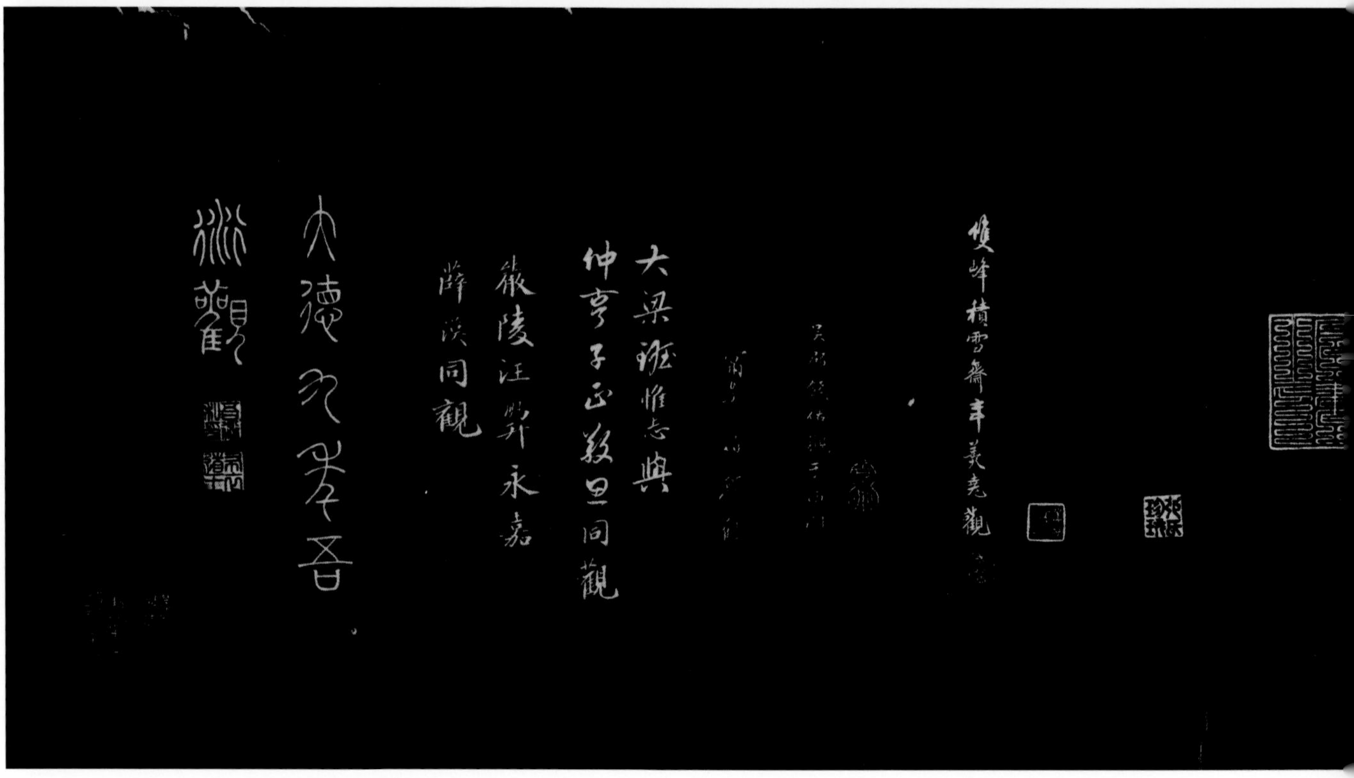

唐杜牧之张好好诗并序

张好好诗 并序

牧大和三年佐故吏部沈
公江西幕，好好年十三，始
以善歌舞来乐籍中。
后一岁，公镇宣城，复置
好好于宣城籍中。后二年，
沈著作述师以双鬟纳
之。又二岁，余于洛阳东
城重睹好好，感旧伤怀，
故题诗赠之。

君为豫章姝，十三才有余。
翠茁凤生尾，丹脸莲含跗。
高阁倚天半，章江联碧虚。
此地试君唱，特使华筵铺。
主

东来几岁敢画高
阳传洛阳重相见
诗为当垆
怪我苦何事少年垂白须
朋游今在否落拓更能无
门馆恸哭后
水云愁景初
斜日挂衰柳凉风生座隅
洒尽满襟泪短章聊一书

牧大和三年佐牧吏部沈
公江西以舞好之年十三始
以善歌舞来樂籍中
後一歲以殯宣城復置
好之按宣城籍中後二年
沈著作述師以雙鬟納
之又三歲余於洛陽東
城重覩好之感舊傷懷

杜牧

　　杜牧（803—852年），字牧之。京兆万年（今陕西西安）人。唐代著名诗人、书法家。杜佑之孙，官至中书舍人。有《樊川文集》20卷传世。工行草书，《宣和书谱》称其"气格雄健，与其文章相表里"。有传世墨迹《张好好诗》，其内容是关于歌妓张好好流落风尘的不幸际遇，作者在诗文中表达了自己的伤感与同情。

　　《张好好诗》，墨迹，纸本，手卷，纵28.2厘米，横162厘米。行草书，48行。卷首尾有宋、元、明、清人的题签、题跋、印记。曾经宋内府、明项子京、清宫收藏，现存北京故宫博物院。

　　综观通篇诗文，笔势放纵，风格雄健，在章法上字与行呼应错落，墨色浓淡相宜，用笔轻重极为灵活。此卷是现在所能见到的杜牧唯一的书法真迹，为世人所珍爱。

释文：

（《张好好诗并序》）

牧大和三年，佐故吏部沈／公江西幕。好好年十三，始／以善歌午来乐籍中。／后一岁，公镇宣城，复置／好好于宣城籍中。后二年，／沈著作述师、以双鬟纳／之。又二岁，余于洛阳东／城，重睹好好，感旧伤怀，／故题诗赠之：

君为豫章姝，十三才有／余。翠茁凤生尾，丹睑／莲含跗。高阁倚天半，／晴江连碧虚。此地试君／唱，特使华筵铺。主公／顾四座，始讶来踟蹰。吴／娃起引赞，低徊映长裾。／双鬟可高下，才过／青罗襦。盼盼乍垂袖，／一声雏凤呼。繁弦进／关纽，塞管裂圆芦。／众音不能逐，袅袅穿云／衢。主公再三叹，谓言天／下殊。赠之天马锦，副／以水犀梳。龙沙看秋／浪，明月游东湖。自此／每相见，三日以为疏。玉／质随月满，艳态逐／春舒。绛唇渐轻巧，／云步转虚徐。旌旆／忽东下，笙歌随舳舻。／霜凋小谢楼（树），沙暖／句溪蒲。身外任尘土，／樽前且欢娱。飘然／集仙客，〔著作任集贤校理。〕讽赋欺／相如。聘之碧玉佩，载／以紫云车。洞闭水声／远，月高蟾影孤。尔／来未几岁，散尽高／阳徒。洛阳重相见，／绰绰为当炉。怪我苦／何事，少年生白髭。／朋游今在否，落拓／更能无。门馆恸哭后，／水云秋景初。斜日／挂衰柳，凉风生座隅。／洒尽满襟泪，短章／聊一书。／

高闲

　　高闲（生卒年不详），乌程（今浙江湖州）人。唐代书法家。工草书，师张旭，深得体势。宣宗（847—859年）在位时常召入对御草圣，遂赐紫衣，后归湖州开元寺终焉。闲尝好以雪川白纻作书，在唐得名甚显，是继旭、素以后草书最有成就的僧人。存世书迹有《草书千字文残卷》真迹。

　　《草书千字文》，墨迹，纸本，手卷，纵30.8厘米，横331.3厘米。草书，52行，243字。卷中有元乔篑成、鲜于枢，清卞永誉、安岐等人鉴藏印记。卷后有明林佑于洪武二十二年题跋。元初曾归乔篑成，后转鲜于枢，卷中缺损处有鲜于氏补书。清代归卞永誉、安岐等人收藏，现藏上海博物馆。

　　此卷草书千字文前半卷已残缺。其书运笔缓急、动静、粗细相间。用墨浓淡相宜，变换自如，可谓唐代草书之精品。

释文：

……（园）莽抽条。枇 / 杷晚翠，梧 / 桐早凋。陈根 / 委翳，落叶 / 飘摇。游鹍 / 独运，凌摩 / 绛霄。（耽）沈读 / 玩市，寓目囊 / 箱。易輶攸畏，/ 属耳桓墙。具 / 膳餐饭，适口充 / 肠。饱饫烹宰，/ 饥厌糟糠。亲 / 戚故旧，老 / 少异粮。妾 / 御绩纺，侍巾 / 帷房。纨扇圆 / 洁，银烛炜煌。/ 昼眠夕寐，蓝 / 笋象床。弦 / 歌酒宴，接杯 / 举觞。矫手顿 / 足，悦豫且康。/ 嫡后嗣续，祭 / 祀烝尝。稽颡 / 再拜，悚惧恐惶。/ 牋牒简要，顾 / 答审详。骸垢 / 想浴，执热愿凉。/ 驴骡犊特，骇 / 跃超骧。诛斩 / 贼盗，捕获 / 叛亡。布射僚 / 丸，嵇琴阮箫。/ 恬笔伦纸，钧 / 巧任钓。释纷利 / 俗，并皆佳妙。/ 毛施淑姿，/ 工颦妍笑。/ 年矢每催，/ 曦晖朗曜。璇玑 / 悬斡，晦魄环照。指 / 薪修祜，永绥 / 吉劭。矩步引领，/ 俯仰廊庙。束 / 带矜庄，徘徊 / 瞻眺。孤陋寡 / 闻，愚蒙等 / 诮。谓语助 / 者，焉哉 / 乎也。/ 吴兴高闲书。

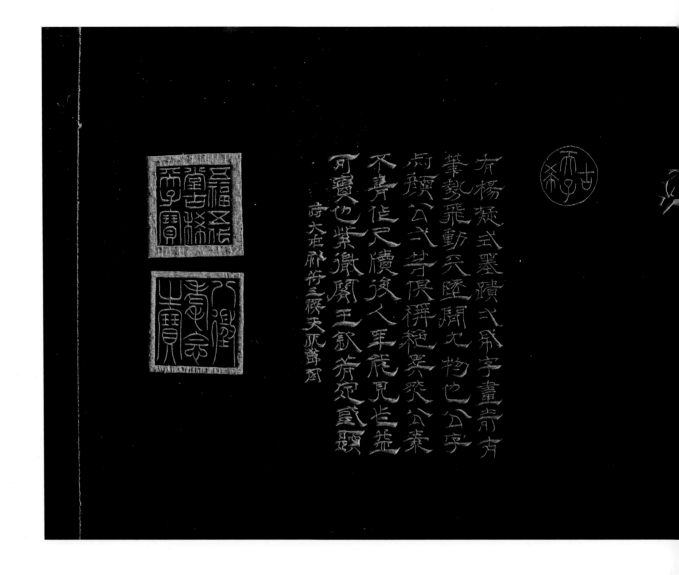

杨凝式

　　杨凝式（873—954年），字景度，号虚白、希维居士、关西老农。华阴（今属陕西省）人，居洛阳。杨涉之子。五代著名书法家，历仕五代，官至太子少师。长于诗歌，工行、草书，宗法颜真卿，加以纵逸，卓然成家，是唐宋之际继往开来的一代书法大师。喜遨游佛道祠院，迂山水胜慨，辄顾视援笔，且吟且书，时人以其纵诞，呼为"杨风子"。存世主要书迹有《神仙起居法》、《韭花帖》、《卢鸿草堂十志图跋》、《夏热帖》及刻本《步虚词》等。

　　《夏热帖》纸本，手卷，纵23.8厘米，横33厘米。草书，8行，共32字。

　　《夏热帖》是杨凝式写的一封信札。内容大致是，因天气炎热，送给僧人消夏饮料

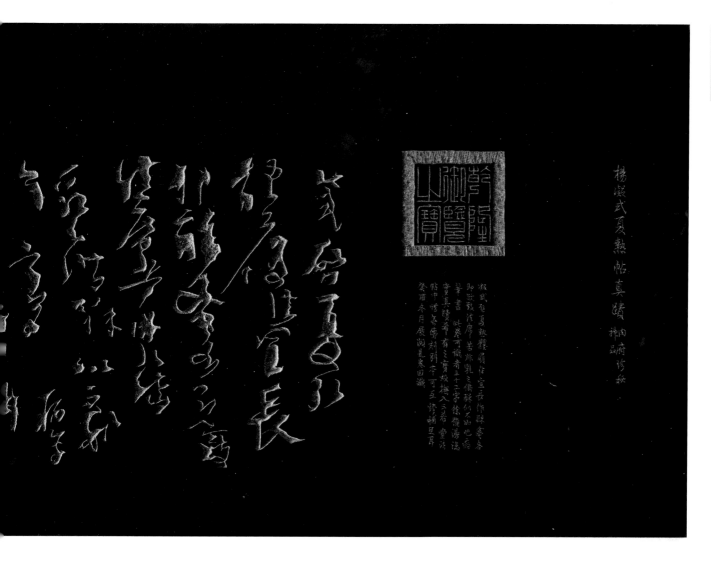

"酥密水"表示问候。首署款："凝式"。后纸有宋王钦若，元鲜于枢、赵孟頫，清张照题跋及乾隆皇帝的释文。卷前后及隔水上钤有宋"贤志堂印"和元赵孟頫，明项元汴，清曹溶、纳兰成德、清内府等鉴藏印。另有数方古印不辨。

此帖是杨凝式唯一的传世草书作品，书法兼取唐颜真卿、柳公权笔法，体势雄奇险崛，运笔爽利挺拔，与他的楷书、行书作品相比较，艺术风格迥殊，表现出书家笔下的丰富艺术变化，为杨凝式书法代表作之一。

释文：

凝式启：夏热体履佳宜，长作酥密水，即欲致法席，苦非乳之供，酥似不如也。（以下数字残损难识）病笔书（下二行残损）。

李建中

李建中（945—1013年），字得中，自号岩夫民伯。京兆（今陕西西安）人。宋初书法家。进士出身，曾任刺史、迁金部员外郎、工部郎中、西京（今河南洛阳）留司御史台、判太府寺等职务，故后人称其为"李西台"。《宋史》称他"善书札，行笔尤工，多构新体，草、隶、篆、籀、八分亦妙，人多摹习，争取以为楷法。"有文集30卷行世。传世墨迹有《同年帖》、《贵宅帖》、《土母帖》等。

《同年帖》，墨迹，纸本，册页。纵31.3厘米，横41.4厘米，行书，15行。帖中钤"项子京家珍藏"等诸方鉴藏印。

《贵宅帖》，墨迹，纸本，册页，纵30.3厘米，横24.2厘米，行书，9行。帖中钤"项元汴印"，以上两帖均属《六帖卷》之一，明时归项子京家，现藏北京故宫博物院。

《同年帖》文内有"略表西京之物"句，应是他在景德至大中祥符年间任西京留司御史台时所写，帖后附《怀湖南诗》，按李建中曾在湖南南部任过地方官，诗当为怀念宦游旧地而作。其书法温润丰美，深得晋唐法度。

　　《贵宅帖》文内有"东封"二字，当指大中祥符元年（1008年）宋真宗赵恒封祀东泰山事。此帖为李建中晚年所书，结构严谨，用笔结实沉稳，法度森严，受欧阳询、颜真卿的影响较大。如黄庭坚所云："西台出群拔萃，肥而不剩肉，如世间美女，丰肌而神气清秀。"

释文：

《同年帖》：

金部同年，载喜披 / 风，甚慰私抱，殊未款曲。旋值 / 睽离，必然来晨 / 朝车行迈，/ 适蒙 / 示翰，愈伤老怀，/ 惟冀 / 保爱也。万万，不胜销黯。/ 见女夫刘仲谟秀才并第二儿 / 子在东京，相次发书去。如有 / 事，希周庇也。建中简上，/ 金部同年，九月十六日。

《汤世帖》碑文三道，略表 / 西京之物也。/《怀湘南》拙诗，附上同院刘学士噈。同年邵兵部，希差人 / 通达，或与面闻也。建中又白。

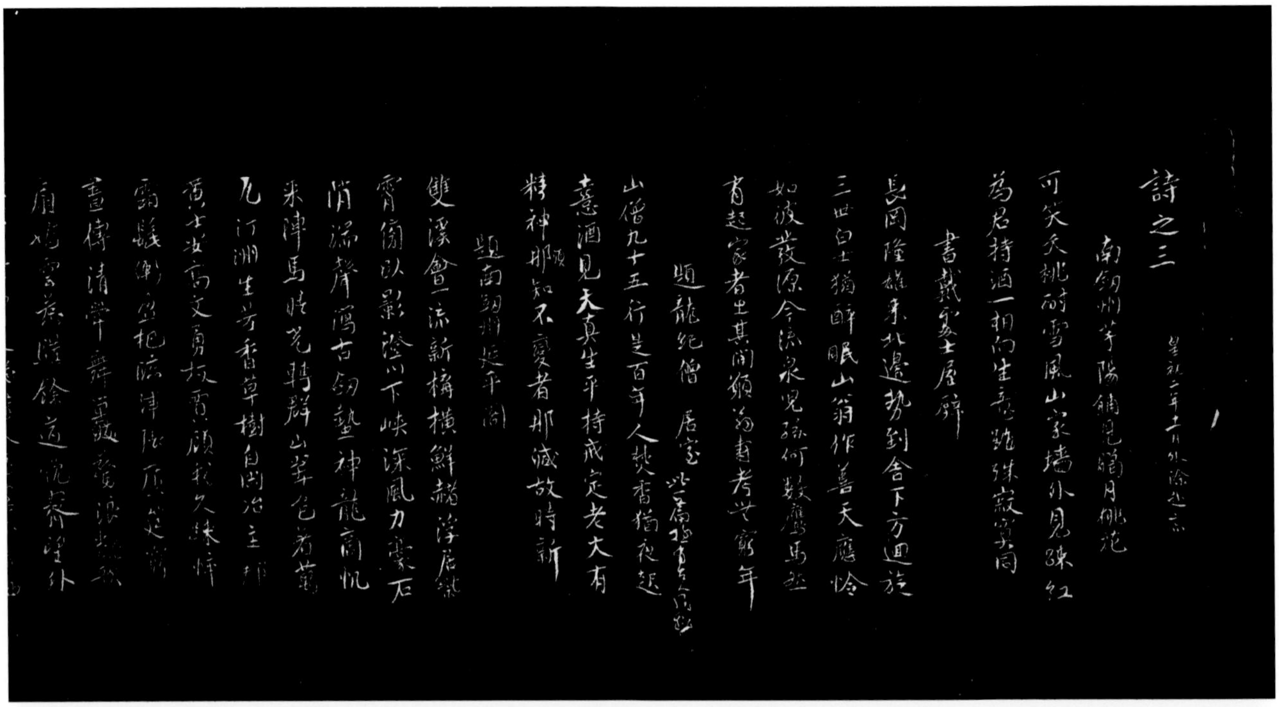

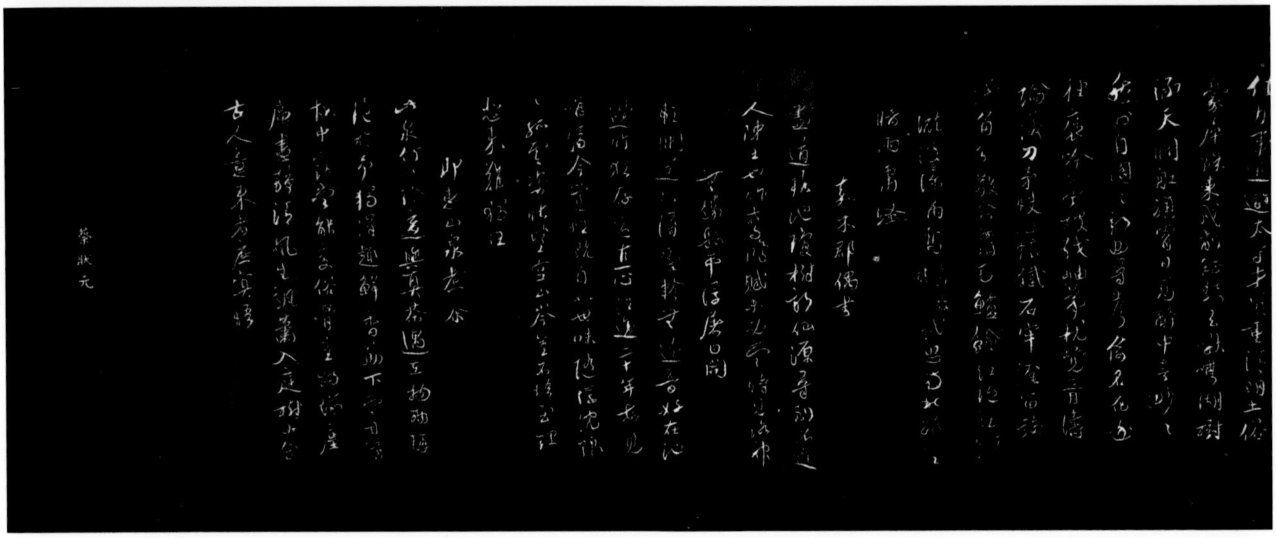

诗之三

蔡襄

　　蔡襄（1012—1067年），字君谟。福建仙游人。宋代著名书家。官至端明殿学士、知杭州，谥忠惠。蔡襄和苏轼、黄庭坚、米芾合称"宋四家"，对后世影响深远。他初学周越、颜真卿，擅长真、隶、行、草各体，尤以行楷著称于世。书法多存晋唐遗意，以法度严谨胜。存世主要墨迹有《陶生帖》、《谢赐御书诗帖》等。

　　《自书诗》，墨迹，纸本，手卷，纵28.2厘米，横221.2厘米。行书，73行。卷后有宋代杨时、张正民、蒋璨、向水，元代张雨、张枢，明代胡粹中等人题跋。并钤有贾似道、梁清标、永瑆等人鉴藏印记。曾为贾似道、梁清标、永瑆等人收藏，后入清宫，现藏北京故宫博物院。

　　《自书诗》卷收录蔡襄自书作于仁宗皇祐三年（1051年）间的诗十一首。其书法结构端丽、疏朗婉健。运笔沉稳，浑厚朴实，轻重转换、起伏变化极其洒脱灵动，神韵情趣藏于意态之中，反映出他中年时期书法作品的风格。苏轼称他"天资既高，积学深至，心手相应，变化无穷，遂为本朝第一"。

释文：

皇祐二年十一月外除赴京 /

《诗之三》 /

南剑州芋阳铺见腊月桃花 /

可笑夭桃耐雪风，山家墙外见疏红。 /

为君持酒一相向，生意虽殊寂寞同。 /

《书戴处士屋壁》 /

长冈隆雄来北边，势到舍下方回旋。 /

三世白士犹醉眠，山翁作善天应怜。 /

如彼发源今流泉，儿孙何数鹰马然。 /

有起家者出其间，愿翁寿考无穷年。 /

《题龙纪僧居室》 /

此一篇极省古人汤□ /

山僧九十五，行是百年人。焚香犹夜起， /

熹酒见天真。生平持戒定，老大有 /

精神。那（须）知不变者，那减故时新。/

《题南剑州延平阁》

双溪会一流，新构横鲜赭。浮居紫 /

霄傍，卧影澄川下。峡深风力豪，石 /

阶湍声泻。古剑蛰神龙，商帆 /

来阵马。晴光转群山，翠色着万 /

瓦。汀洲生芳香，草树自闲冶。主郡 /

黄士安，高文勇扳贾。顾我久疏悴，/

霜髭渐盈把。临津张广筵，穷 /

昼传清斝。舞鼍惊浪翻，歌 /

扇娇云惹。骓余适晚霁，望外 /

迷空野。曾是倦游人，意虑亦萧洒。/

自渔梁驿至衢州大雪有怀

大雪压空野，驱车犹远行。乾坤 /

初一色，昼夜忽通明。有物皆迁白，/

无尘顿觉清。只看流水在，却喜 /

乱山平。逐絮飘飘起，投花点点轻。/

玉楼天上出，银阙海中生。舞极摇 /

溶态，闻余淅沥声。客炉何暇 /

煖，官酤（去）未能醒。薄吹飘（此字点去）消春 /冻，新旸破晓晴。

更登分界岭，/

南望不胜情。/

福州宁越门外石桥看西山晚照 /

宁越门前路，归鞍驻石梁。西山气 /色好，晚日正相当。/

杭州临平精严寺西轩，见芍 / 药两支，追想吉祥院赏花，慨 / 然有感。

书呈苏才翁。四月七日。

吉祥亭下万千枝，看尽将开欲落 / 时。

却是双红有深意，故留春色缀人思。/

烘簾瀕照自生光，吹面轻风与送香。/

谁把金刀收绝艳，醉红深浅上钗梁。/

皎皎花名对酒尊，栏边沉醉月黄昏。/

今朝关外寻兰蕙，忽见孤芳欲断魂。/

《崇德夜泊寄福建揽刑章屯田思钱塘春月并游》

凤昔神都别，于今浙水遭。故情弥切到，/

佳月事追邀。太守才贤重，清明土俗 /
豪。犀珠来戍削，钲鼓去啾嘈。湖树 /
涵天阔，舡旗冒日高。醉中吾渺渺，/
愁外自陶陶。新曲寻声倚，名花逐 /
种褒。吟亭披越岫，梦枕觉晋涛。/
论议刀矛快，心怀铁石牢。淹留趋 /
海角，分散念霜毛。鲈鲙红透箸，（予之吴江）/
泷波绿满篙。（君往严泷）试思南北路，灯 /
暗雨萧骚。/

《嘉禾郡偶书》

尽道瑶池琼树新，仙源寻到不逢 / 人。
陈王也作惊鸿赋，未必当时见洛神。/

无锡县吊浮屠日开
轻澜还故浔，坠轸无遗音。
好在池 / 边竹，犹存虚直心。
往还二十年，每见 / 唯清吟。
觉性既自如，世味随浮沉。
琅 / 琅孤云姿，怅望空山岑。
岂不悟至理，/ 悲来难独任。/

即惠山泉煮茶 /
此泉何以珍，适与真茶遇。
在物两称 / 绝，于予独得趣。
鲜香箸下云，甘滑 / 杯中露。
尝能变俗骨，岂特湔尘 / 虑。
昼静清风生，飘萧入庭树。
中含 / 古人意，来者庶冥悟。/

蔡状元。

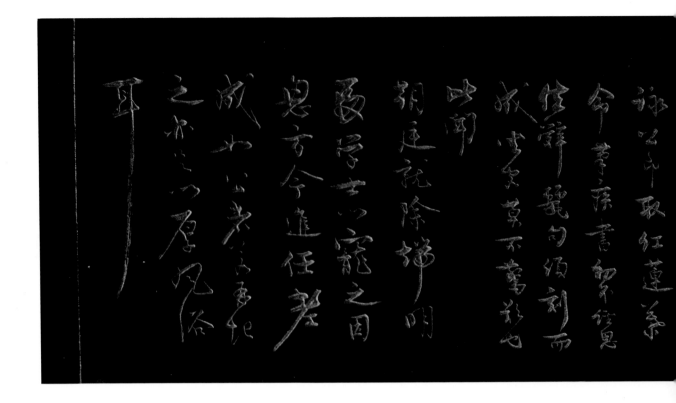

王诜

　　王诜（1036—1100年），字晋卿。祖籍山西太原，居汴京（今河南开封）。北宋画家，开国功臣王全斌之后，娶宋英宗赵曙女魏国公主为妻，官至卫将军、驸马都尉。元丰中公主卒，被贬官至均州，后赦还。官至定州观察使，封开国公，谥莱安。家藏甚富，筑宝绘堂以蓄所藏，与苏轼、黄庭坚等交往友善。擅长山水画，工书法，正、行、草、隶，兼得篆籀、钟鼎之趣，不循前人格辙，自有风貌。存世有《欧阳询行书千字文卷》跋、《孙过庭草书千字文第五本卷》跋、《王齐翰勘书图卷》跋、《烟江迭嶂图卷》诗跋及《颖昌湖上诗词》卷等。

　　《颖昌湖上诗词》，墨迹，纸本，手卷，纵31.3厘米，横271.9厘米，行书，50行。卷中钤"绍兴"、"内府书印"、"金城"、"式古堂"、"乾隆御览之宝"等鉴藏印。曾为南宋绍兴内府收藏，后归郭天锡、卞永誉等人，清朝入乾隆御府，现藏北京故宫博物院。

　　《颖昌湖上诗词》约作于元祐初年贬官颖昌府（今河南许昌）时。其中《蝶恋花词》有"流落归来，到了心情少"句，可能是还汴京后所作。其书法飘逸，苍秀殊甚，点画出入规入矩。横竖撇捺既沉着严谨，又有清疏之感，当为王氏作品中之精品。

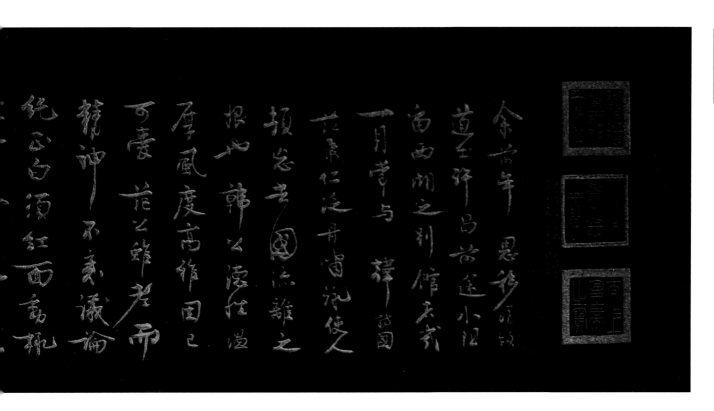

释文：

余前年恩移清颍、／道出许昌，前途小阻，／留西湖之别馆者几／一月。常与韩持国、／范景仁泛舟啸咏，使人／顿忘去国流离之／恨也。

韩公德性温／厚，风度高雅，固已／可爱。范公虽老，而／精神不衰，议论／纯正，白须红面，动辄／醺酣。时余有所赋／咏，公即取红莲叶，／命笔疾书，初不经思，／佳辞丽句，顷刻而／成，坐客莫不惊叹也。／比闻／朝廷就除端明／殿学士以宠之，因／思方今进任，老成如公者。若吾起／之，亦足以厚风俗／耳。／

颍昌湖上，余有／赠诸公诗，其略／曰："清影十分月，／暗香千柄莲。／不知从此别，高／会复何年。"／韩公诗曰："浩歌／轻白雪，密意得／青莲。诗就西桥／月，留为好事传。"西／蜀公云："惯乘霄汉／鹤，翻说淤泥／莲。可惜玉壶处，／等闲闲几年。"／盖公不喜释氏，／故有是句，亦可／一笑也。

小雨初晴回晚照，金翠／楼台，倒影芙蓉沼。杨／柳垂垂风袅袅，嫩荷无／数青钿小。似此园林无限／好，流落归来，到了心／情少。坐到黄昏人悄悄，／更应添得朱颜老。／右蝶恋花。／

余旧不饮酒，近年辄能饮。／故多醉中所书耳。

苏轼

　　苏轼（1037—1101年），字子瞻，号东坡居士。眉州眉山（今属四川省）人。宋代大文豪、著名书法家。苏洵之子。官至端明殿翰林侍读学士、礼部尚书，谥文忠。他因与朝廷政见不一，屡遭贬谪。诗、文为"唐宋八大家"之一，在书法上也是一代宗师，与黄庭坚、米芾、蔡襄齐名，后世誉之为"宋四家"之首。传世作品颇多，如《洞庭春色赋》、《中山松醪赋》、《答谢民师论文帖》、《寒食帖》等。

　　《寒食帖》，墨迹，牙色纸本，手卷。纵34.2厘米，横189厘米。行草书，17行，行字不一，计129字。无款，后有黄庭坚、董其昌跋文，前黄绫隔水押有"天历"大玺，"稽察司"半印，另钤有"边容斋清玩"、"琅琴阁珍藏印"、"北燕张氏宝藏"等鉴藏印。原迹曾入清内府，鸦片战争时流出内府，为颜韵伯所得，后流入日本，归菊池氏。20世纪80年代入藏台北故宫博物院至今。

　　苏轼因"乌台诗案"于元丰二年十二月（1079年）被贬黄州，任团练副使，次年二月抵

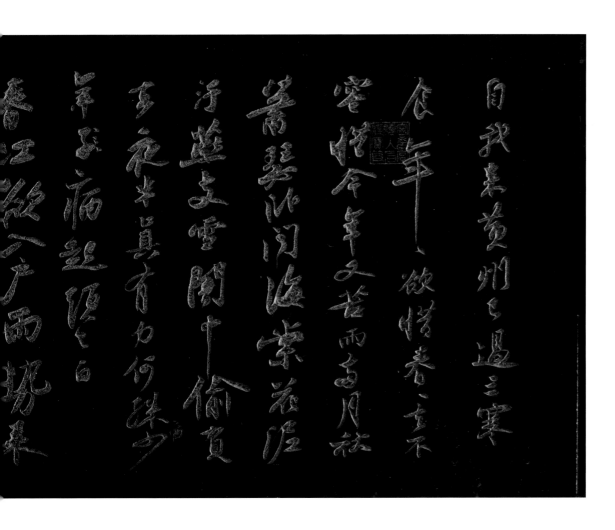

黄州。依《寒食诗》卷前语"已过黄州三寒食"可知是在元丰五年（1082年）寒食节（相传为清明前一天，一说清明前两天称寒食节）前后所作，时年46岁，是他政治上最失意之时。遭遇政治思想上的怨忿和生活上的困窘，又遇连天苦雨，触景生情，而写此诗。他将心忧天下而又报国无门，还要忍受屈辱，惨淡孤寂，凄凉苦闷的心境融汇在诗文和书法中，所以写得十分自然。其字形结体欹正参差，有紧有放，大小不一，笔画浑厚中见俏丽，圆转中含劲挺。似与颜真卿、李北海神通。正如董其昌评曰："余平生见东坡先生真迹不下三十余卷，必以此为甲观。"

释文：

自我来黄州，已过三寒／食。年年欲惜春，春去不／容惜。今年又苦雨，两月秋／萧瑟。卧闻海棠花，泥／污燕支雪。暗中偷负／去，夜半真有力。何殊病少／年，病起头已白。

春江欲入户，雨势来／不已。小屋如渔舟，濛濛／水云里。空庖煮寒菜，／破灶烧湿苇。那／知是寒食，但见乌／衔纸。君门深／九重，坟墓在万里。也拟／哭涂（途）穷，死灰吹不／起。／右黄州寒食二首。／

黄庭坚

　　黄庭坚（1045—1105年），字鲁直，号涪翁，自号山谷道人。洪州分宁（今江西修水）人。宋代著名诗人、书法家，官至吏部员外郎。他出自苏轼门下，与秦观等为"苏门四学士"，工诗，创江西诗派。书法擅行、草书，为"宋四家"之一，尤以大草著名。除了《松风阁诗卷》，辽河碑林还镌刻了《华严疏》、《诸上座帖》等作品。

　　《松风阁诗卷》，墨迹，粉花白纸本，纵32.8厘米，横129.2厘米，行书，29行，153字。卷内钤有"秋壑"、"皇姊图书"、"仇英"、"项元汴印"、"北平孙氏"、"卞永誉印"、"安仪周家珍藏"及清内府等鉴藏印章。卷后有宋向若冰，元魏必复、李洞、张珪、王约、冯子振、陈颢、陈庭实、李源道、袁桷、邓文原、柳赟、赵岩、杜禧等人题跋。真迹入清内府，刻入《三希堂法帖》，现藏台北故宫博物院。

　　《松风阁诗卷》为山谷晚年留居荆南时所作七言诗，无年款，据诗中"东坡道人已沈泉"句推断，此诗应作于徽宗建中靖国元年东坡辞世之后，而书年亦应同时或相距不远。时

山谷已57岁。他晚年为新党排斥，谪居四川期间，书法大进，自谓观当地船夫荡桨而悟笔法，故晚年运笔多如划桨拨水。节节涩进顿挫。此卷书法清劲，恣肆遒美，笔法精奥，英气逼人，为山谷晚年力作。

释文：

依山筑阁见平 / 川，夜阑箕斗插 / 屋椽，我来名之 / 意适然。老松魁 / 梧数百年，斧 / 斤所赦今参天。 / 凤鸣娲皇五十 / 弦，洗耳不须 / 菩萨泉。嘉 / 二三子甚好贤， / 力贫买酒醉 / 此筵。夜雨鸣廊 / 到晓悬，相看 / 不归卧僧毡。泉 / 枯石燥复潺湲， / 山川光晖为我 / 妍。野僧旱 / 饥不能钟，晓 / 见寒溪有炊 / 烟。东坡道人 / 已沈泉。张侯何 / 时到眼前。钓 / 台惊涛可 / 昼眠，怡亭看 / 篆蛟龙缠。安 / 得此身脱拘挛， / 舟载诸友长周旋。 /

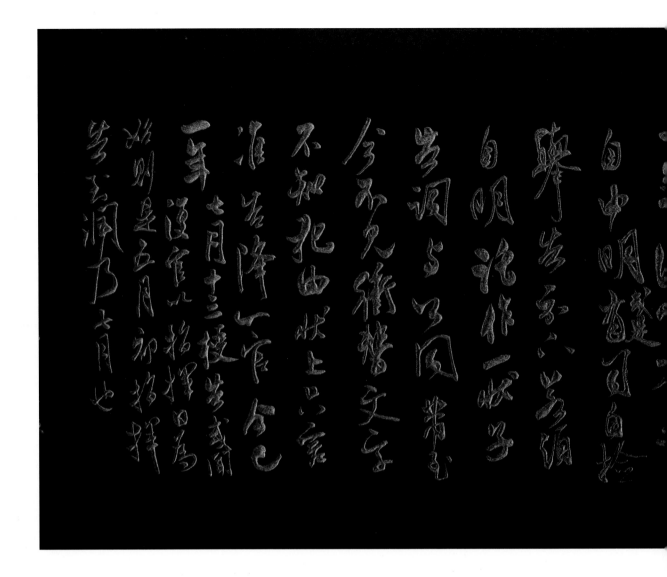

米芾

米芾（1051—1107年），初名黻，字元章，时人号襄阳漫士、海岳外史，自号鹿门居士。原籍襄阳（今属湖北），后定居润州（今江苏镇江）。北宋著名书法家、鉴定家、画家、收藏家。召为书画学博士，擢礼部员外郎。米芾在官场上并不得意，其"不能与世俯仰，故从仕数困"。因其衣着行为以及迷恋书画珍石的态度皆被当世视为癫狂，故又有"米颠"之称。

《珊瑚帖》，墨迹，淡黄纸本，册页，纵26.6厘米，横47.1厘米，行书11行，67字。《复官帖》，墨迹，白粉蜡纸本，纵27.1厘米，横49.9厘米，行书12行，90字。卷后有宋、元、清各代人的印鉴及郭天锡等人的题跋，可知元初归郭氏所有，清时先后为安歧、梁清标、成亲王永瑆等人递藏，现存北京故宫博物院。

　　此二帖为米芾晚年书写，行笔豪放拓展，体势宽绰疏朗，转折流畅。《珊瑚帖》中所画的珊瑚笔架，用笔沉着，间有篆籀遗意，堪称米芾的代表作。

释文：

（《珊瑚帖》）

收张僧繇天王，上有 / 薛稷题。阎二物，乐 / 老处元直取得。又 / 收景温问礼图，亦 / 六朝画。珊瑚 / 一枝（珊瑚笔架图，金坐）。 / 三枝朱草出金沙，来自天支节相家。 / 当日蒙恩预名表，愧无五色笔头花。 /

（《复官帖》）

一年复官，不知是 / 自申明，或有是司自检 / 举告示下。若须 / 自明，托作一状子， / 告词与公同。芾至 / 今不见衔替文字， / 不知犯由，状上只言 / 准告降一官。今已 / 一年。七月十三授告。或闻复官以指挥日为 / 始。则是五月初指挥， / 告至润，乃七月也。 /

夏日

清和節後綠枝稠寂莫

黄梅雨乍收畏日正長

凝碧漢薫風微度到丹

橫沙荷成蓋閒相倚遠

草鋪裀色更柔永畫堪

縱遊繁溽坏盤時欲對

清流

赵佶

赵佶（1082—1135年），北宋最后一位皇帝。元符三年（1100年）即位，年号建中靖国、崇宁、大观、政和、重和、宣和、共在位二十五年。怠于政治，任用权臣，国事大坏。金人攻入汴京，被俘北去，死于五国城，庙号徽宗。

赵佶在艺术上卓有成就，擅绘事，工书法，早期从黄庭坚入手，后改学薛稷，楷书学薛曜，而略变其法度，号"瘦金书"。

《夏日诗帖》，墨迹，纸本，纵33.7厘米，横44.2厘米，楷书瘦金体。此诗的瘦金体笔势遒劲，伟岸开张，体现了赵佶的独特风格。

诗帖钤"政和"连珠方印。曾经清孔昭、许烈等收藏。《式古堂书画汇考》著录。现藏北京故宫博物院。

释文：

夏日

清和节后绿枝稠，寂寞 / 黄梅雨乍收。畏日正长 / 凝碧汉，薰风微度到丹 / 楼。池荷成盖闲相倚，迳 / 草铺裀色更柔。永昼摇 / 纨避繁溽，杯盘时欲对 / 清流。

赵构

赵构（1107—1187年），字德基，徽宗第九子。南宋高宗皇帝，宣和三年封康王，靖康二年即位，建都临安，在位36年。政治昏庸，忠奸不辨，忍辱偷安，但却醉心于书画。书法初学黄庭坚，后学米元章，进而于唐虞世南、褚遂良、李邕以至魏晋诸家无不临摹。其书法对南宋一代君臣影响极大，著有《翰墨志》传世。

《草书洛神赋》，墨迹，绢本，手卷，纵27.9厘米，横398厘米。草书，89行。卷中钤宋人"雪轩"、"直澹"、"张维节"，元鲁国大长公主，明"稽察司"、韩逢禧、项元汴，清梁清标及乾隆、嘉庆、宣统的诸多鉴藏玺印。卷末有元人赵严、明人宋献题跋。此卷元代曾存鲁国大长公主、祥哥刺吉收藏，明时归内府，清初溥仪私运抵长春伪宫，后辗转归辽宁省博物馆收藏。

《洛神赋》又名《感甄赋》，是三国时期曹植的文学名作，卷末有"德寿殿"款书，可知是赵构逊位以后，隐居于德寿宫时所书。他的草书传世作品极少。此卷用章草法书出，诚有"沉着森丘壑"之势。是赵构晚年佳妙之笔，为他仅有的草书代表作。

神蹤勿當畫理教信易求密
伯以張觀一君人于畫
之睫不西援臨者而吾之口
不可靚于渡吾吾波河余
源之神名曰宓妃吾吳之
莫此鵠如此者何田在中河
何兄也等乃是至收矣河
玉瓦中之未至之以一至可也
翩若驚鴻婉若游龍榮耀

释文：

《洛神赋》：

黄初三年，余朝京师，还济／洛川。古人有言，斯水之神，名／曰宓妃。感宋玉对楚王神／女之事，遂作斯赋。其辞曰：／余从京域，言归东藩，背伊阙，／越轘辕，经通谷，陵景山。日既／西倾，车殆马烦。尔乃税驾乎／蘅皋，秣驷乎芝田，容与乎／阳林，流眄乎洛川。于是精移／神骇，忽焉思散，俯则未察，／仰以殊观。睹一丽人，于岩／之畔。尔迺援御者而告之曰："尔有觌于彼者乎？彼何人斯，／若此艳也！"御者对曰："臣闻河／洛之神，名曰宓妃。则君王之／所见也，无乃是乎？其状若何，／臣愿闻之。"余告之曰：其形也，／翩若惊鸿，婉若游龙，荣耀／秋菊，华茂春松。髣髴／兮若轻云之蔽月，飘飘兮若流／风之回雪。远而望之，皎若／太阳升朝霞；迫而察之，灼／若芙蕖出绿波。秾纤得中，／修短合度。肩若削成，腰／如束素。延颈秀项，皓质／呈露。芳泽无加，铅华弗御。／云髻峨峨，修眉联娟。丹唇／外朗，皓齿内鲜。明眸善睐，靥辅承权。瓌姿艳逸，仪／静体闲。柔情绰态，媚于语／言。奇服旷世，骨像应图。被／罗衣之璀粲兮，珥瑶碧之／华琚。戴金翠之首饰，缀明／珠以耀躯。践远游之文履，曳雾绡之轻裾。微幽兰之／芳蔼，步踟蹰于山隅。于是／忽焉纵体，以遨以嬉。左倚／采旄，右荫桂旗。攘皓腕于／神浒，采湍濑之玄芝。余情／悦其淑美，心振荡而不怡。无良媒以接欢，托微波而通／词。愿情素之先达兮，解玉珮以／要之。嗟佳人之信修，羌习礼／而明诗。抗琼瑶以和余，指潜／川以为期。执眷眷之款情，惧／斯灵之我欺！感交甫之弃／言，怅犹豫而狐疑。收和颜而／静志，申礼防以自持。

于是洛／灵感焉，徙倚彷徨。神光离／合，乍阴乍阳。竦轻躯以鹤立，／若将飞而未翔。践椒涂之／郁烈，步蘅薄而流芳。超长／吟以永慕，声哀厉而弥长。

尔乃众灵杂遝，命俦啸侣。／或戏清流，或翔神渚，或采／明珠，或拾翠羽。从南湘之／二妃，携汉滨之游女。叹匏／瓜之无匹兮，咏牵牛之独处。／扬轻袿之绮靡，翳修袖以／延伫。体迅飞凫，飘忽若神。／凌波微步，罗袜生尘，动无／常则，若危若安。进止难期，若往若还。转盼流精，光润／玉颜。含辞未吐，气若幽兰。／华容婀娜，令我忘餐。

于是／屏翳收风，川后静波，冯夷／鸣鼓，女娲清歌。腾文渔以警／乘，鸣玉鸾以偕逝。六龙俨其／齐首，载云车之容裔。鲸鲵／踊而夹毂，水禽翔而为卫。于是越北沚，过南冈，纡素领，回／清阳。动丹唇以徐言，陈交接／之大纲。恨人神之道殊，怨盛／年之莫当。抗罗袂以掩涕兮，／泪流襟之浪浪。悼良会之永／绝，哀一逝而异乡。无微情／以效爱，献江南之明珰。虽潜处／于太阴，长寄心于君王。忽不／悟其所舍，怅神宵而蔽光。于是背下陵高，足往神留。遗／情想像，顾望怀愁。冀灵体之／复形，御轻舟而上溯。浮长川／而忘反，思绵绵而增慕。夜耿耿／而不寐，沾繁霜而至曙。命／仆夫而就驾，吾将归乎东／路。揽騑辔以抗策，怅盘桓／而不能去。德寿殿书。／

宣和宸翰多道勁而此卷結
體尤秀潤蓋非尋常草書之
揮灑者況東坡赤壁賦分平
生自以為得意之作後得宸
翰一書增重百倍可謂二妙
合作不易浮也今藏莫氏
文房其永寶之
　包山俞貞木敬題

赵昚

赵昚（1127—1194年），字元永，宋太祖七世孙，高宗嗣子。南宋孝宗皇帝，绍兴三十二年（1162年）即位，在位28年。在位之初曾一度北伐，收复数郡。工书法，直接受高宗赵构影响。

《后赤壁赋》，墨迹，纸本，纵26.1厘米，横101.1厘米，草书，36行，南宋孝宗赵昚书。引首藏经纸，篆书"龙鸾翔鸑"四字。卷内钤清人梁清标、邵逸先、吴贞吉等人及清乾隆、嘉庆、宣统内府鉴藏玺印。卷末有元俞贞木、明黄本等人题跋。此卷在元代曾经莫氏寿朴堂收藏，清初为梁清标所得，后进入清内府，清末经溥仪私运至长春伪宫，现藏辽宁省博物馆。

《后赤壁赋》草书卷虽未署名，但历代书家考证认为是孝宗赵昚所书。行笔圆转流畅，又具有沉着遒劲的韵致，草法纯熟严谨，笔划秀劲匀整，足见孝宗书有家庭法度。

释文：

是岁十月之望，步自雪堂，/ 将归于临皋。二客从余过 / 黄泥之坂。霜露既降，木叶 / 尽脱。人影在地，仰见明月，/ 顾而乐之，行歌相答。已而 / 叹曰："有客无酒，有酒无肴，/ 月白风清，如此良夜何！"客 / 曰："今者薄暮，举网得鱼，巨 / 口细鳞，状似松江之鲈。顾 / 安所得酒乎？"归而谋诸妇。/ 妇笑曰："我有斗酒，藏之久 / 矣，以待子不时之须。"于是 / 携酒与鱼，复游于赤壁之 / 下。江流有声，断岸千尺，山 / 高月小，水落石出。曾日月 / 之几何，而江山不可复识 / 矣！余乃摄衣而上，履巉岩，/ 披蒙茸，踞虎豹，登虬龙，攀 / 栖鹘之危巢，俯冯夷之幽 / 宫。盖二客不能从焉。划然 / 长啸，草木震动，山鸣谷应，/ 风起水涌。余亦悄然而悲，/ 肃然而恐，凛乎其不可留 / 也。反而登舟，放乎中流，听 / 其所止而休焉。时夜将半，/ 四顾寂寥。适有孤鹤，横江 / 东来。翅如车轮，玄裳缟衣，/ 戛然长鸣，掠余舟而西也。/ 须臾客去，余亦就睡。梦一 / 道士，羽衣翩仙，过临皋之 / 下，揖余而言曰："赤壁之游 / 乐乎？"问其姓名，俛而不答。/ 呜呼噫嘻！我知之矣。畴昔 / 之夜，飞鸣而过我者，非子 / 也耶？"道士顾笑，余亦惊悟。/ 开户视之，不见其处。

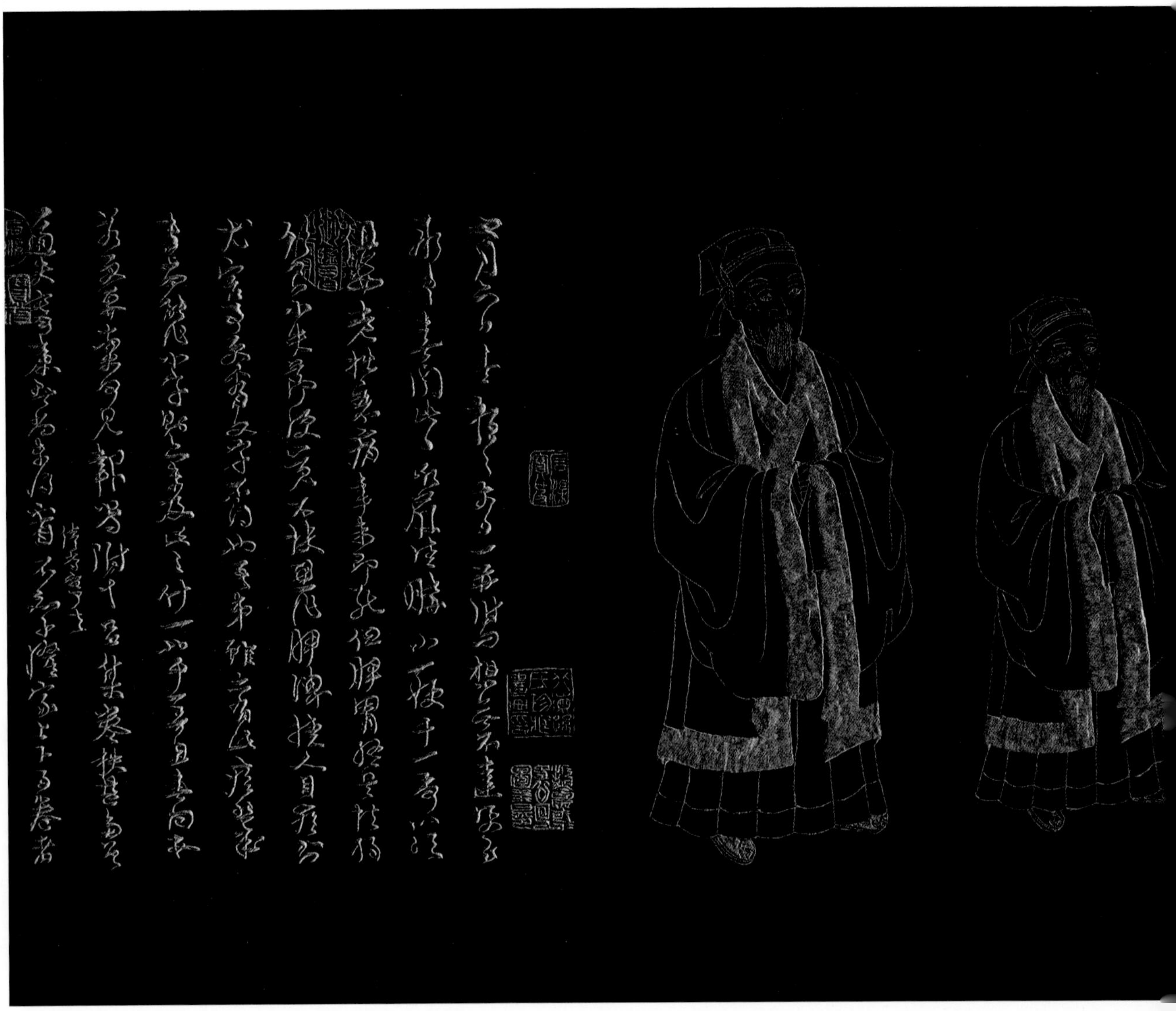

朱熹

　　朱熹（1130—1200年），字元晦，一字仲晦，号晦庵、云谷老人、沧州病叟，晚称遁翁，人称考亭先生。婺源人（今属江西）。官焕章阁待制，谥曰文，追封徽国公。精于经史，诗文，亦工书法，是宋代著名理学家。辽河碑林还镌刻有《城南唱和诗》等作品。

　　《书翰文稿》纸本，长33.5厘米，宽45.3厘米。作于庆元元年（1195年），辽宁省博物馆藏。又名《七月六日帖》、《致表弟程询允夫书翰文稿》等。信札二幅，此为《七月六日帖》，后有元、明两代共11家的题识跋语，内容包括朱熹画像。明王鏊《震泽集》云："晦翁书笔势迅疾，曾无意于求工，而寻其点画波磔，无一不合书家矩蠖，岂所谓动容周旋中礼者耶。"

释文：

七月六日，熹顿首。前日一再附问，想无不达。便至 / 承书，喜闻比日所履佳胜。小一嫂、千一哥以次 / 俱安。老拙衰病，幸未即死；但脾胃终是怯弱， / 饮食小失节，便觉不快。兼作脾泄挠人，目疾则 / 尤害事，更看文字不得也。吾弟虽亦有此疾，然来 / 书尚能作小字，则亦未及此之什一也。千一哥且喜向安。 / 若更要药含，可见报，当附去。吕集卷秩甚多，曾 / 道夫寄来者，尚未得看，续当寄去。不知子澄家上下百卷者 / 是何本也？子约想时相见。曾无疑书已到未？如未 / 到，别写去也。叶尉便中复附此。草草，余惟自爱 / 之祝，不宣。熹顿首。 / 允夫纠掾贤弟。

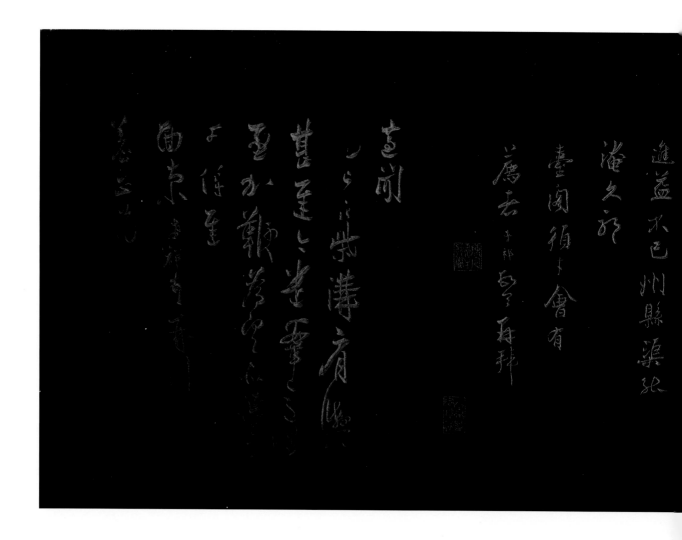

张孝祥

张孝祥（1132—1169年），字安国，号于湖。历阳乌江（今安徽和县）人。宋代书法家，官显谟阁直学士，工翰墨，尝亲书奏札，高宗皇帝见之曰："必将名世"。其书有颜真卿风格。

《泾州》、《柴沟》二帖，墨迹，纸本，册页二通，纵33.5厘米，横38.9厘米，凡7行38字；纵26.6厘米，横43.3厘米，凡9行49字。帖中钤张笃行、陈定、项元汴等人诸方鉴藏印记，曾归张笃行、陈定、项元汴递藏，现藏上海博物馆。

《泾州帖》，又称《学富帖》，为张氏尺牍一则，此帖字体雄劲流畅，浑厚严谨，自具风貌。《柴沟帖》系张孝祥写给友人养正（龚颐正，字养正）的一通信

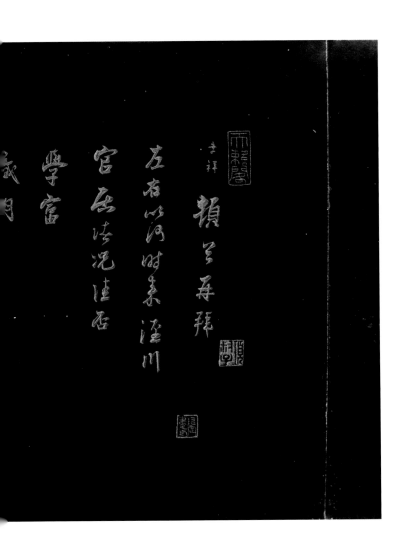

札，书法清劲豪迈，用笔纯熟，出入于颜真卿、米芾之间，而风格自具，为张孝祥传世墨迹中的代表作。

释文：

孝祥顿首再拜 / 左右，以何时来泾州？ / 官居诸况佳否？ / 学富 / 识明 / 进益不已，州县渠能淹久耶？ / 台阁须才，会有 / 荐者。孝祥顿首再拜。 /

适闻 / 驾已抵柴沟，肩舆 / 甚迟。今遣鞍马往 / 亟加鞭，为望。所怀万 / 千併迟 / 面禀。孝祥顿首再拜。 / 养正兄。 /

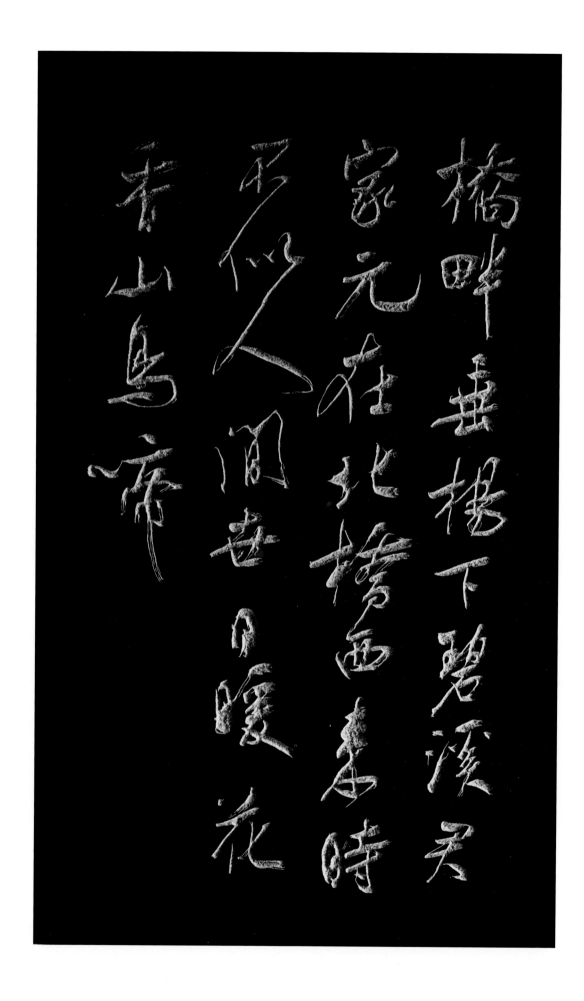

橋畔垂楊下碧溪
家元在北橋西畫春時
不似人間日暖花
香山鳥啼

吴琚

吴琚（生卒年不详），南宋书法家，字居父，号云壑。汴京（今河南开封）人。好书画，工诗词，尤精翰墨，孝宗常召之论诗作字。

释文：

桥畔垂杨下碧溪，君 / 家元在北桥西。来时 / 不似人间世，日暖花 / 香山鸟啼。

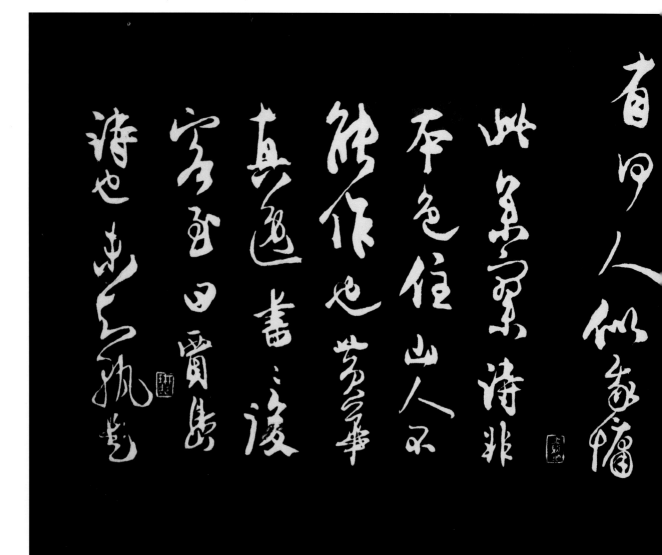

王庭筠

　　王庭筠（1151－1202年），字子端，号黄华山主。辽宁熊岳人。金代书画家，米芾之甥。才行兼备，文采风流，照映一时。大定十年（1176年）登进士第，官恩州军事判官、翰林修撰等职。擅画山水竹石，诗文亦佳，书法宗米芾，行笔疾速，富于变化。存世墨迹有《博州重修庙学记》、《重修蜀先主庙碑》等，著有《藂辨》10卷，《文集》40卷。

　　此幅行书跋于李山画《风雪杉松图卷》后，墨迹，纸本，全幅纵31.2厘米，横1003.4厘米，卷后自署"黄华真逸"。曾为明黄琳、华夏，清梁清标等人递藏，现

藏美国华盛顿弗利亚美术馆。

　　此跋为王庭筠早期作品，约为1191年前后隐居山中时期所书，用笔多用偏锋，书法存晋唐余韵，犹得米芾神采。如王世贞跋称："……李（山）用笔潇洒，精绝有致出蹊巡外，庭筠翩翩逐入海岳三昧，皆可宝也。"

释文：

绕院千千万万 / 峰，满天风雪 / 打杉松。地炉火 / 暖黄昏睡，更 / 有何人似我慵。 /

此余寥诗非 / 本色，住山人不 / 能作也。黄华 / 真逸书，书后 / 客至，曰贾 / 岛 / 诗也。 / 未知孰是。 /

赵孟坚

赵孟坚（1199—1260年），字子固，号彝斋居士。浙江海盐人。南宋书画家，宋宗室，太祖十一世孙。家境清寒，理宗宝庆二年（1226年）中进士，官至提辖左帑、朝散大夫、严州守，与权臣贾似道关系密切。擅书法，宗王献之、李邕。亦工诗文绘画，传世书迹有《自书诗卷》等。

《自书诗卷》，墨迹，纸本，手卷纵33.6厘米，横575.2厘米，行书83行。卷中钤元沈紫云、明吴桢、清梁清标、安歧、清内府、成亲王永瑆等鉴藏印。卷尾有其弟赵孟葆、元苏大年的题跋。曾归沈紫云、吴桢、梁清标、安歧等人私藏，乾隆年间入清内府，后又归成亲王永瑆所有，现藏上海博物馆。

《自书诗卷》是赵孟坚自作诗五首，运笔秀劲流畅，字间疏密有致。虽宗法晋唐，却有自家独到风格。卷尾有"宝祐甲寅"（1254年），可知是赵孟坚56岁所书。

释文：

《送上马娇图与贾秋壑》

锦鞲金狨玉蝶躞，／天宝繁侈逾大业。／华清浴罢燕沉／香，弓箭才人拥／旌节。前头乐部紫／云回，催驾颙迎奏／三叠。阿瞒驻辔立／多时，欲上花娇尚／娇怯。步步将随那／肯离，曾闻愿作连／理枝。燕安觉及思／艰危，那有马嵬／攀诀时。汉家山河／安四维，披香千秋／惟戈绨。龙眠画／兹非衔奇，端与／曹高向孟陈／元龟。／

《鼠叹》

落落两鼠入伏箱，室／穴已计逃无方。拥狸／迫捕冀一快，／顾视／穷搏成徊徨。先登／鍪矛隶弗力，第诿／狸也才非／良。我观／感愤成叹慨，阴邪／自古能干阳。阴邪岂／果能干阳，否泰还／知属主张。元和御／史勇论谏，一蚓阃／竖无精光，却从低／回取相位，绕指由来百炼刚。

《墙头花》

墙头花，红且白。一百／五日过寒食，寒食过了／好风日。风又吹，日又／炙。满枝好花尽狼／藉，愚者见花不知／惜，我辈见花／常唧唧。有酒莫停／杯，当歌莫停拍。／头

上丝丝霜雪来，老大见花方叹息。／

《繁昌官舍竹》

南墙墙下梅边竹，今岁竹根始入来。双／笋并生成干立，一／梢斜娜对窗开。知／吾欲画如呈样，问汝／无言只举杯。此去／更应多长旺，后人端／合事栽培。

《惜补之梅于君谟弟》

知是珍藏难假借，／其如爱学起思／惟。暂时为我开心／法，它日偕君作画师。／曩习凌波偷笔格，／亦曾面壁隔年／期。从今轴上成双／美，不恨此梅无好／枝。

宝祐甲寅十一月廿八日／午睡起，忽有持此／纸来者，因为书／旧诗数首，用吴升玉簪笔、唐端／石执砚，自好漫耳。／观者未知谓何如／也。三十年临池所得仅尔，益信翰墨／非易事。天与分／数限量，更欲／有加不可。它时或更／进，视此当一笑。或流／落箱筒间，为吾爱／存之无忽。彝／斋居／士赵孟坚子固记。／

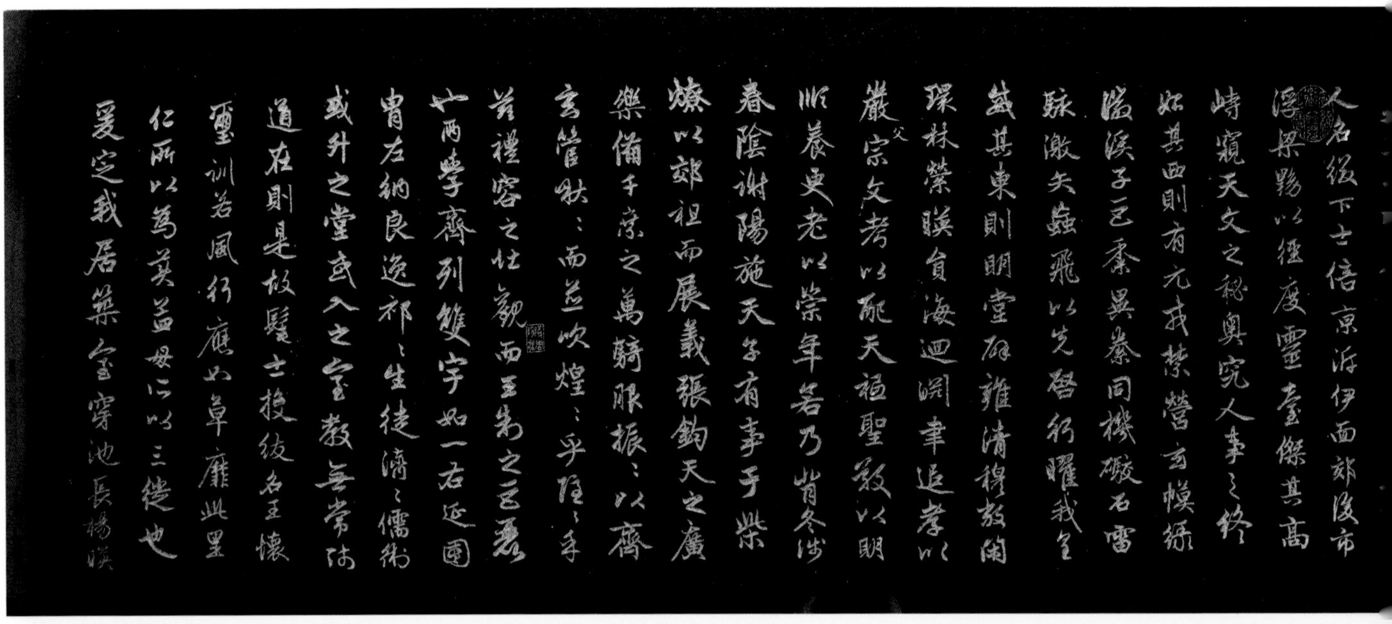

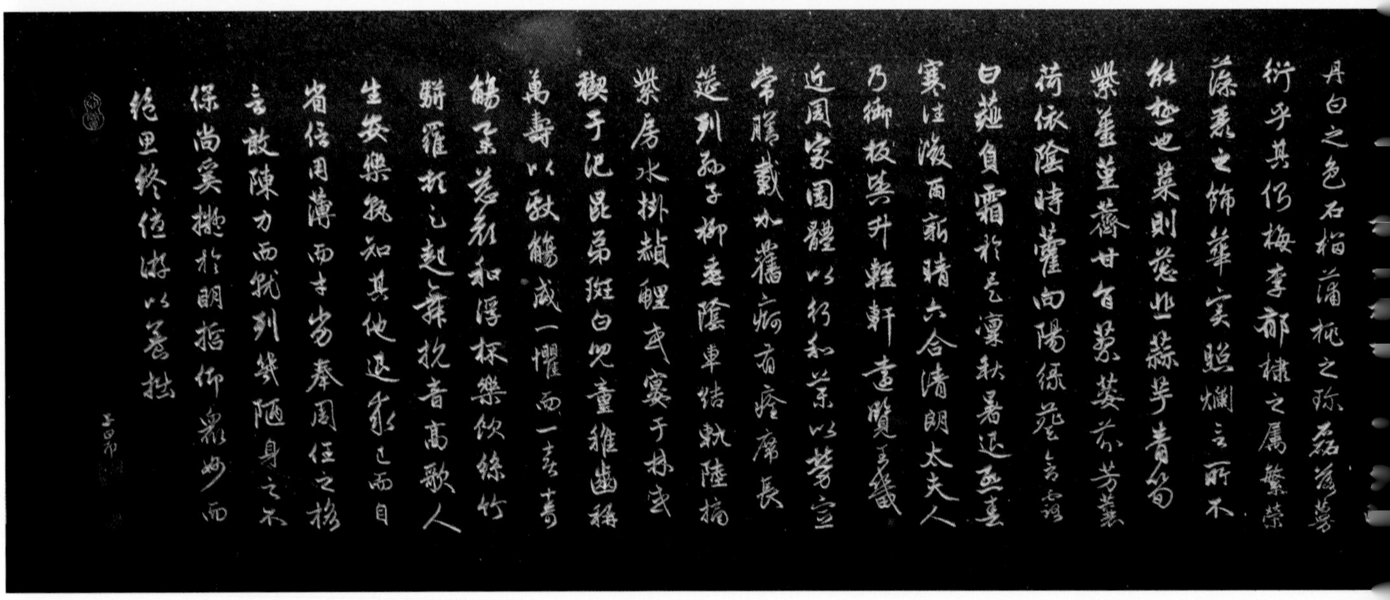

赵孟頫

　　赵孟頫（1254—1322年），字子昂，号松雪道人，又号水晶宫道人、鸥波，中年曾署孟俯。浙江吴兴（今浙江湖州）人。元初著名书法家、画家、诗人，宋太祖赵匡胤十一世孙、秦王赵德芳嫡派子孙。其父赵与訔曾任南宋户部侍郎兼知临安府浙西安抚使。

　　《闲居赋》，行书，纵38厘米，横248.3厘米，56行，凡627字，款署子昂。无年月。北京故宫博物院藏。书西晋著名文学家潘岳《闲居赋》一首，笔意安闲，气韵清新，通篇行楷结合，方圆兼备，体态优雅，体现赵氏书法的书卷气和富贵气。

释文：

《闲居赋》

傲坟素之长圃，步先哲之高衢。／虽吾颜之云厚，犹内愧于宁蘧。／有道吾不仕，无道吾不愚。何巧／智之不足，而拙艰之有余也！于／是退而闲居，于洛之涘。身齐逸／人，名缀下士。倍京溯伊，面郊后市。／浮梁黝以迳度，灵台杰其高／峙。窥天文之秘奥，究人事之终／始。其西则有元戎禁营，玄幕绿／徽，溪子巨黍，异絭同机，炮石雷／骇，激矢虹飞，以先启行，耀我皇／威。其东则有明堂辟雍，清穆敞闲，／环林萦映，员海回渊，聿追孝以／严父，宗文考以配天，祇圣敬以明／顺，养更老以崇年。若乃背冬涉／春，阴谢阳施，天子有事于柴／燎，以郊祖而展义，张钧天之广／乐，备千乘之万骑，服振振以齐／玄，管啾啾而并吹，煌煌乎，隐隐乎，／兹礼容之壮观，而王制之巨丽／也。两学齐列，双宇如一，右延国／胄，左纳良逸。祁祁生徒，济济儒术，／或升之堂，或入之室。教无常师，／道在则是。故髦士投绂，名王怀／玺，训若风行，应如草靡。此里／仁所以为美，孟母所以三徙也。／

爰定我居，筑室穿池，长杨映／沼，芳枳树樆，游鳞瀺灂，菡萏／敷披，竹木蓊蔼，灵果参差。张／公大谷之梨，梁侯乌椑之柿，周／文弱枝之枣，房陵朱仲之李，靡／不毕植。三桃表樱胡之别，二柰曜／丹白之色，石榴蒲桃之珍，磊落蔓／衍乎其侧。梅李郁棣之属，繁荣／藻丽之饰，华实照烂，言所不／能极也。菜则葱韭蒜芋，青笋／紫姜，堇荠甘旨，蓼荾芬芳，襄／荷依阴，时藿向阳，绿葵含露，／白薤负霜。

于是凛秋暑退，熙春／寒往，微雨新晴，六合清朗。太夫人／乃御版舆，升轻轩，远览王畿，／近周家园。体以行和，药以劳宣，／常膳载加，旧疴有痊。于是席长／筵，列孙子，柳垂阴，车结轨，陆摘／紫房，水挂赪鲤，或宴于林，或／禊于汜。昆弟斑白，儿童稚齿，称／万寿以献觞，咸一惧而一喜。寿／觞举，慈颜和，浮杯乐饮，丝竹／骈罗，顿足起舞，抗音高歌，人／生安乐，孰知其他。退求已而自／省，信用薄而才劣。奉周任之格／言，敢陈力而就列。几陋身之不／保，而奚拟于明哲，仰众妙而／绝思，终优游以养拙。／

子昂

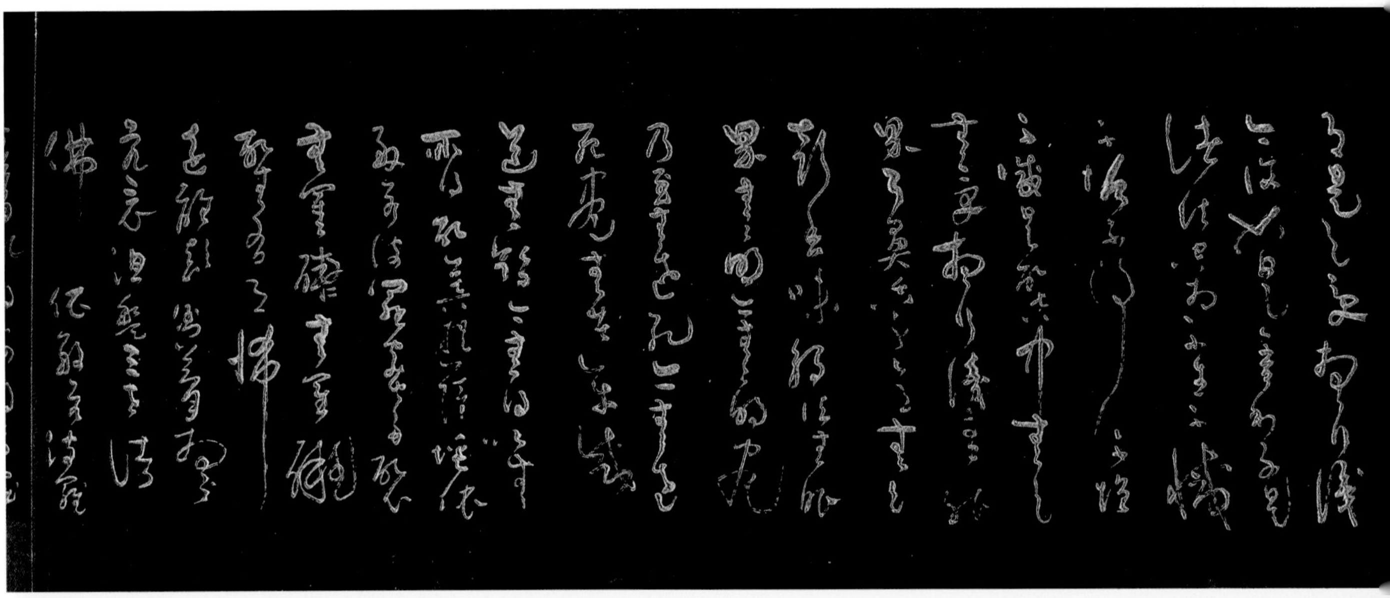

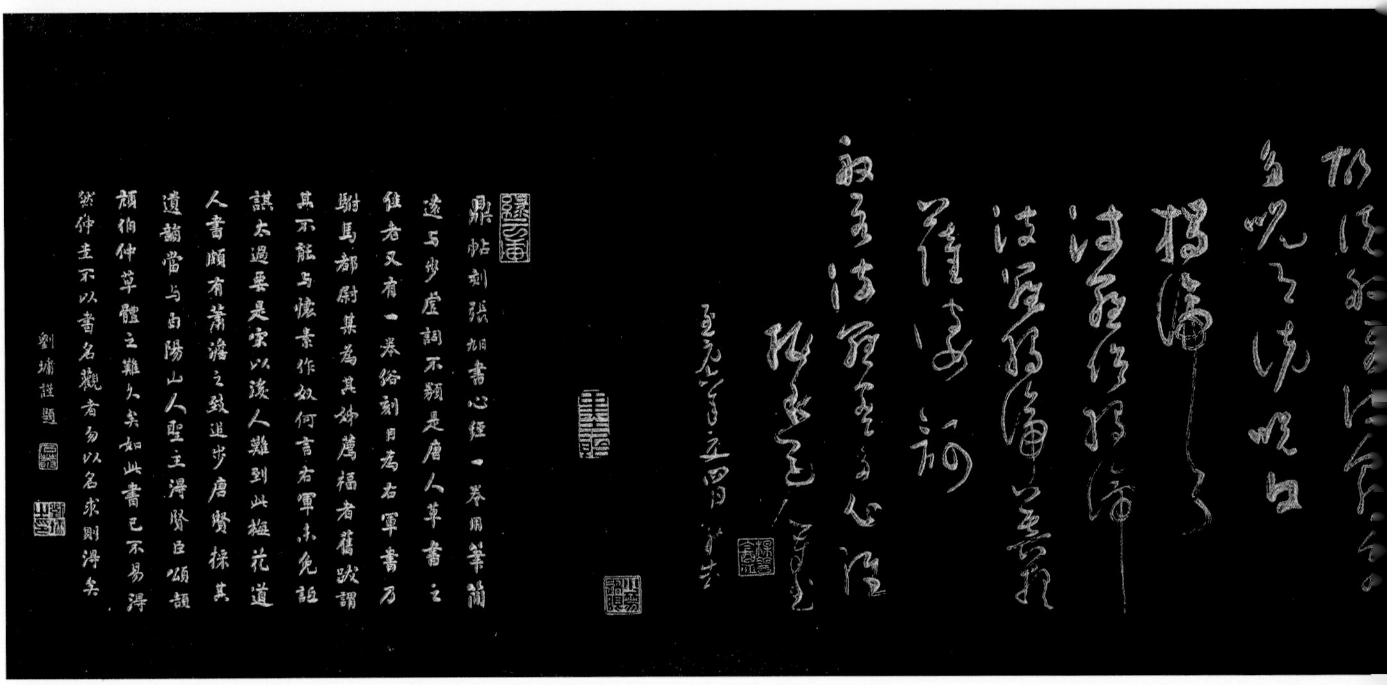

鼎帖刻張旭書心經一卷用筆簡
遠与步虛詞不類是唐人草書之
徒者又有一派俗剽目為右軍書乃
駙馬都尉其為其妙鷹福者藉跋謂
其不詆与懷素作奴何言右軍未免詆
諆太過要是宗以遂人難到此極花道
人書顏有黃海之致道步唐賢探其
遺蘊甞与白陽山人聖主浮賢臣頌韻
顏伯仲草體之難久矣如此書已不易浮
然仲主不以書名觀者為以名求則浮矣

劉墉誌題

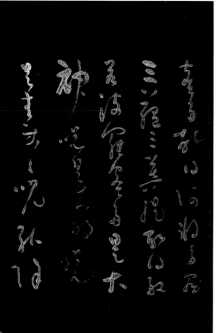

吴镇

吴镇（1280—1354年），字仲圭，号梅花道人。浙江嘉兴魏塘人。擅词翰，书画名冠一时，隐居不仕。与黄公望、王蒙、倪瓒并称"元四家"。

吴镇书法多见于题画。《草书心经》，墨迹，纸本，高29.3厘米，宽203厘米，39行，278字。是其传世的唯一草书作品。《草书心经》之冷隽清逸如料峭云崖之老梅干枝，给人以超拔苍秀的美感。

释文：

观自在菩萨，行深般若波罗蜜多时，照见五蕴皆空，度一切苦厄。舍利子，色不异空，空不异色，色即是空，空即是色，受想行识，亦复如是。舍利子，是诸法空相，不生不灭，不垢不净，不增不减。是故空中无色，无受想行识，无眼耳鼻舌身意，无色声香味触法，无眼界，乃至无意识界。无无明，亦无无明尽，乃至无老死，亦无老死尽。无苦集灭道，无智亦无得。以无所得故，菩提萨埵，依般若波罗蜜多故，心无罣碍，无罣碍故，无有恐怖，远离颠倒梦想，究竟涅磐。三世诸佛，依般若波罗蜜多故，得阿耨多罗三藐三菩提。故知般若波罗蜜多，是大神咒，是大明咒，是无上咒，是无等等咒，能除一切苦，真实不虚。故说般若波罗蜜多咒，即说咒曰：揭谛揭谛，波罗僧揭谛，波罗揭谛，菩提萨婆诃。

般若波罗蜜多心经。

梅花道人奉书。

至元六年夏四月初吉。

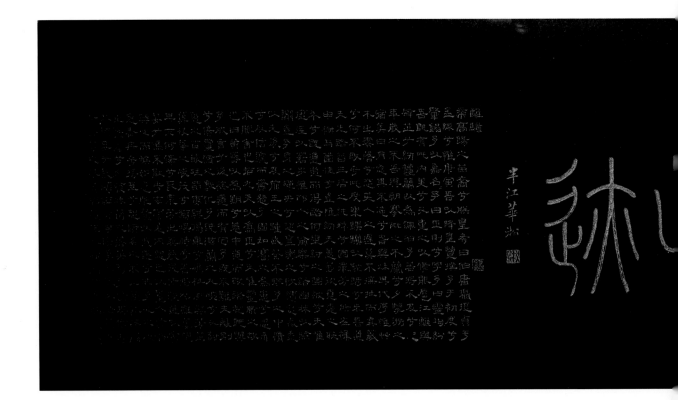

吴叡

    吴叡（1298－1355年），字孟思，号雪涛散人、青云生、养素处士。先世为濮阳人，移居杭州。终身布衣，晚年客居并终老于江苏昆山，为吾衍弟子。刘基《覆瓿集》云："叡少好学，工翰墨，尤精篆、隶。"相比于清人的气沉意厚与金石味足，吴叡的篆书多顿起尖收，消散清逸，隶书规矩于汉，纯正典雅。

    此卷篆隶书卷现藏上海博物馆。

释文：

《离骚》

帝高阳之苗裔兮，朕皇考曰伯庸。摄提贞于 / 孟陬兮，惟庚寅吾以降。皇览揆予于初度兮， / 肇锡予以嘉名：名予曰正则兮，字予曰灵均。纷 / 吾既有此内美兮，又重之

以修能。扈江离与／辟芷兮，纫秋兰以为佩。汨予若将不及兮，恐／年岁之不吾与。朝搴阰之木兰兮，夕揽洲之／宿莽。日月忽其不淹兮，春与秋其代序。惟草／木之零落兮，恐美人之迟暮。不抚壮而弃秽／兮，何不改乎此度？乘骐骥以驰骋兮，来吾道／夫先路！昔三后之纯粹兮，固众芳之所在。杂／申椒与菌桂兮，岂惟纫夫蕙茝！彼尧、舜之耿／介兮，既遵道而得路。何桀纣之昌被兮，夫唯／捷径以窘步。惟夫党人之偷乐兮，路幽昧以险／隘。岂予身之殚殃兮，恐皇舆之败绩！忽奔走／以先后兮，及前王之踵武。荃不查予之中情／兮，反信谗而齌怒。予固知謇謇之为患兮，忍而／不能舍也。指九天以为正兮，夫惟灵修之故／也。曰黄昏以为期兮，羌中道而改路！初既与／予成言兮，后悔遁而有他。予既不难夫离别／兮，伤灵修之数化。予既滋兰之九畹兮，又树／蕙之百亩。畦留夷与揭车兮，杂杜衡与芳芷。／冀枝叶之峻茂兮，愿俟时乎吾将刈。虽萎绝／其亦何伤兮，哀众芳之芜秽。众皆竞进以贪／婪兮，冯不厌乎求索。羌内恕己以量人兮，各／兴心而嫉妒。忽驰骛以追逐兮，非予心之所／急。老冉冉乎将至兮，恐修名之不立。朝饮木兰／之坠露兮，夕餐秋菊之落英。苟予情其信姱／以练要兮，长顑颔亦何伤。揽木根以结茝兮，／贯薜荔之落蕊。矫菌桂以纫兰兮，索胡绳之／纚纚。謇吾法夫前修兮，非世俗之所服。虽不周／于今之人兮，愿依彭咸之遗则。长太息以掩／涕兮，哀民生之多艰。余虽好修姱以鞿羁兮，／謇朝谇而夕替。既替予以蕙纕兮，又申之以／揽茝。亦予心之所善兮，虽九死其犹未悔。怨／灵修之浩荡兮，终不察夫民心。众女嫉予之／蛾眉兮，谣诼谓予以善淫。固时俗之工巧兮，／偭规矩而改错。背绳墨以追曲兮，竞周容以／为度。忳郁邑予侘傺兮，吾独穷困乎此时也。／宁溘死以流亡兮，予不忍为此态也。鸷鸟之／不群兮，自前世而固然。何方圆之能周兮，夫／孰异道而相安？屈心而抑志兮，忍尤而攘诟。／伏清白以死直兮，固前圣之所厚。悔相道之／不察兮，延伫乎吾将反。回朕车以复路兮，及／行迷之未远。步予马于兰皋兮，驰椒丘且焉／止息。进不入以离尤兮，退将复修吾初服。制／芰荷以为衣兮，集芙蓉以为裳。不吾知其亦已／兮，苟予情其信芳。高予冠之岌岌兮，长予佩／之陆离。芳与泽其杂糅兮，唯昭质其犹未亏。／忽反顾以游目兮，将往观乎四荒。佩缤纷其／繁饰兮，芳菲菲其弥章。民生各有所乐兮，予独／好修以为常。虽体解吾犹未变兮，岂予心之／可惩。女媭之婵媛兮，申申其詈予，曰：鲧婞直／以亡身兮，终然夭乎羽之野。汝何博謇而好修／兮，纷独有此姱节？薋菉葹以盈室兮，判独离／而不服。众不可户说兮，孰云察予之中情？世／并举而好朋兮，夫何茕独而不予听？依前圣／以节中兮，喟凭心以历兹。济沅、湘以南征兮，／就重华而陈词：启《九辩》与《九歌》兮，夏康娱以自纵。不顾难以图后兮，五子用失乎家衖。羿／淫游以佚畋兮，又好射夫封狐。固乱流其鲜／终兮，浞又贪夫厥家。浇身被服强圉兮，纵欲／而不忍。日康娱而自忘兮，厥首用夫颠陨。夏／桀之常违兮，乃遂焉而逢殃。后辛之菹醢兮，／殷宗用之不长。汤、禹俨而祗敬兮，周／论道而莫差。举贤才而授能兮，循绳墨而不颇。皇天／无私阿兮，览民德焉错辅。夫维圣哲之茂行／兮，苟得用此下土。瞻前而顾后兮，相观民之／计极。夫孰非义而可用兮？孰非善而可服？阽／予身而危死兮，览予初其犹未悔。不量凿而／正枘兮，固前修以菹醢。曾歔欷予郁邑兮，哀／朕时之不当。揽茹蕙以掩涕兮，沾予襟之浪浪。／跪敷衽以陈辞兮，耿吾既得此中正。驷玉虬／以桀鹥兮，溘埃风予上征。朝发轫于苍梧兮，／夕予至乎县圃。欲少留此灵琐兮，日忽忽其将莫。吾令羲和弭节兮，望崦嵫而勿迫。路漫漫其／修远兮，吾将上下而求索。饮予马于咸池兮，／总予辔乎扶桑。折若木以拂日兮，聊消摇以／相羊。前望舒使先驱兮，后飞廉使奔属。鸾皇／为予先戒兮，雷师告予以未具。吾令凤鸟飞／腾兮，继之以日夜。飘风屯其相离兮，帅云霓／而来御。纷总总其离合兮，斑陆离其上下。吾令／帝阍开关兮，倚阊阖而望予。时暧暧其将罢兮，／结幽兰而延伫。世溷浊而不分兮，好蔽美而／嫉妒。朝吾将济于白水兮，登阆风而绁马。忽／反顾以流涕兮，哀高丘之无女。溘吾游此春／宫兮，折琼枝以继佩。及荣华之未落兮，相下／女之可诒。吾令丰隆乘云兮，求宓妃之所在。／解佩纕以结言兮，吾令謇修以为理。纷总总其／离合兮，忽纬繣其难迁。夕归次于穷石兮，朝／濯发乎洧盘。保厥美以骄傲兮，日康娱以淫／游。虽信美而无礼兮，来违弃而改求。览相观／于四极兮，周流乎天予乃下。望瑶台之偃蹇／兮，见有娀之佚女。吾令鸩为媒兮，鸩告予以／不好。雄鸠之鸣逝兮，予犹恶其佻巧。心犹豫／而狐疑兮，欲自适而不可。凤凰既受诒兮，恐／高辛之先我。欲远集而无所止兮，聊浮游以／消摇。及少康之未家兮，留有虞之二姚。理弱／而媒拙兮，恐导言之不固。世溷浊而嫉贤兮，／好蔽美而称恶。闺中既以邃远兮，哲王又不／寤。怀朕情而不发兮，予焉能忍而与此终古？／索琼茅以筳篿兮，命灵氛为予占之。曰：两美／其必合兮，孰信修而慕之？思九州之博大兮，／岂惟是其有女？曰：勉远逝而无狐疑兮，孰求／美而释女？何所独无芳草兮，尔何怀乎故宇？／世幽昧以眩曜兮，孰云察予之善恶？民好恶／其不同兮，惟此党人其独异！户服艾以盈要／兮，谓幽兰其不可佩。览察草木其犹未得兮，／岂珵美之能当？苏粪壤以充帏兮，谓申椒其／不芳。欲从灵氛之吉占兮，心犹豫而狐疑。巫／咸将夕降兮，怀椒糈而要之。百神翳其备降／兮，九疑缤其并迎。皇剡剡其扬灵兮，告予以吉／故。曰：勉升降以上下兮，求榘矱之所同。汤、禹／俨而求合兮，挚、咎繇而能调。苟中情其好修／兮，又何必用夫行媒？说操筑于傅岩兮，／武丁用而不疑。吕望之鼓刀兮，遭周文而得举。宁／戚之讴歌兮，齐桓闻以该辅。及年岁之未晏兮，／时亦犹其未央。恐鹈鴂之先鸣兮，使夫百／草为之不芳。何琼佩之偃蹇兮，众薆然而蔽／之。惟此党人而不谅兮，恐嫉妒而折之。时缤／纷其变易兮，又何可以淹留？兰芷变而不芳／兮，荃蕙化而为茅。何昔日之芳草兮，今直为／此萧艾也？岂其有它故兮，莫好修之害也！予／以兰为可恃兮，羌无实而容长。委厥美以从／俗兮，苟得列乎众芳。椒专佞以慢慆兮，樧又／欲充夫佩帏。既干进而务入兮，又何芳之能／祗？固时俗之流从兮，又孰能无变化？览椒兰／其若兹兮，又况揭车与江离？惟兹佩之可贵／兮，委厥美而历兹。芳菲菲而难亏兮，芬至今犹／未沫。和调度以自娱兮，聊浮游而求女。及予／饰之方壮兮，周流观平上下。灵氛既告予以／吉占兮，吉日乎吾将行。折琼枝以为羞兮，精／琼爢以为粻。为予驾飞龙兮，杂瑶象以为车。／何离心之可同兮？吾将远逝以自疏。遭吾道／夫昆仑兮，路修远以周流。扬霓云之晻蔼兮，／鸣玉鸾之啾啾。朝发轫于天津兮，夕予至乎西／极。凤凰翼其承旗兮，高翱翔之翼翼。忽吾行此／流沙兮，遵赤水而容与。麾蛟龙以梁津兮，诏／西皇使涉予。路修远以多艰兮，腾众车使径／待。路不周以左转兮，指西海以为期。屯予车／其千乘兮，齐玉轪而并驰。驾八龙之婉婉兮，载／云旗之委蛇。抑志而弭节兮，神高驰之邈邈。奏／《九歌》而舞《韶》兮，聊假日以偷乐。陟升皇之赫／戏兮，忽临睨夫旧乡。仆夫悲予马怀兮，蜷局／顾而不行。乱曰：已矣哉！国无人兮莫我知兮，／又何怀乎故都！既莫足与为美政兮，吾将从／彭咸之所居！／

元统二年，岁在甲戌，正月望，濮阳吴叡书。／

天地玄黄，宇宙洪荒。日月／盈昃，辰宿列张。寒来暑往，／秋收冬藏。闰予成岁，律吕／调阳。云腾致雨，露结为霜。／金生丽水，玉出昆冈。剑号／巨阙，珠称夜光。果珍李柰，／菜重芥姜。海咸河淡，鳞潜／羽翔。龙师火帝，鸟官人皇。／始制文字，乃服衣裳。推位／让国，有虞陶唐。吊民伐罪，／周发殷汤。坐朝问道，垂拱／平章。爱育黎首，臣伏戎羌。／遐迩一体，率宾归王。鸣凤／在竹，白驹食场。化被草木，／赖及万方。盖此身发，四大／五常。恭惟鞠养，岂敢毁伤。／女慕贞洁，男效才良。知过／必改，得能莫忘。罔谈彼短，／靡恃己长。信使可覆，器欲／难量。墨悲丝染，诗赞羔羊。／景行维贤，克念作圣。德建／名立，形端表正。空谷传声，／虚堂习听。祸因恶积，福缘／善庆。尺璧非宝，寸阴是竞。／资父事君，曰严与敬。孝当／竭力，忠则尽命。临深履薄，／夙兴温凊。似兰斯馨，如松／之盛。川流不息，渊澄取映。／容止若思，言辞安定。笃初／诚美，慎终宜令。荣业所基，／籍甚无竟。学优登仕，摄职／从政。存以甘棠，去而益咏。／乐殊贵贱，礼别尊卑。上和／下睦，夫唱妇随。外受傅训，／入奉母仪。诸姑伯叔，犹子／比儿。孔怀兄弟，同气连枝。／交友投分，切磨箴

规。仁慈／隐恻，造次弗离。节义廉退，／颠沛匪亏。性静情逸，心动／神疲。守真志满，逐物意移。／坚持雅操，好爵自縻。都邑／华夏，东西二京。背邙面洛，／浮渭据泾。宫殿盘郁，楼观／飞惊。图写禽兽，画彩仙灵。／丙舍旁启，甲帐对楹。肆筵／设席，鼓瑟吹笙。升阶纳／陛，弁转疑星。右通广内，左达／承明。既集坟典，亦聚群英。／杜稿钟隶，漆书壁经。府罗／将（相），路侠槐卿。户封八县，家／给千兵。高冠陪辇，驱毂振／缨。世禄侈富，车驾肥轻。策／功（茂）实，勒碑刻铭。盘溪／伊尹，佐时阿衡。奄宅曲阜，／微旦孰营。桓公匡合，济弱／扶倾。绮回汉惠，说感武丁。／俊乂密勿，多士实宁。晋楚／更霸，赵魏困横。假途灭虢，／践土会盟。何遵约法，韩弊／烦刑。起翦颇牧，用军最精。／宣威沙漠，驰誉丹青。九州／禹迹，百郡秦并。岳宗泰岱，／禅主云亭。雁门紫塞，鸡田／赤诚。昆池碣石，钜野洞庭。／旷远绵邈，岩岫杳冥。治本／于农，务兹稼穑。俶载南亩，／我艺黍稷。税熟贡新，劝赏／黜陟。孟轲敦素，史鱼秉直。／庶几中庸，劳谦谨敕。聆音／察理，鉴貌辨色。贻厥嘉猷，／勉其祗植。省躬讥诫，宠增／抗极。殆辱近耻，林皋幸即。／两疏见机，解组谁逼。索居／闲处，沉默寂寥。求古寻论，／散虑逍遥。欣奏累遣，戚谢／欢招。渠荷的历，园莽抽条。／枇杷晚翠，梧桐蚤凋。陈根／委翳，落叶飘摇。游鹍独运，／凌摩绛霄。耽读玩市，寓目／囊箱。易輶攸畏，属耳垣墙。／具膳餐饭，适口充肠。饱饫／烹宰，饥厌糟糠。亲戚故旧，／老少异粮。妾御绩纺，侍巾／帷房。纨扇圆洁，银烛炜煌。／昼眠夕寐，蓝笋象床。弦歌／酒宴，接杯举觞。矫手顿／足，悦豫且康。嫡后嗣续，祭祀／烝尝。稽颡再拜，悚惧恐惶。／笺牒简要，顾答审详。骸垢／想浴，执热愿凉。驴骡犊特，／骇跃超骧。诛斩贼盗，捕获／叛亡。布射僚丸，嵇琴阮啸。／恬笔伦纸，钧巧任钓。释纷／利俗，并皆佳妙。毛施淑姿，／工颦妍笑。年矢每催，羲晖／朗曜。璇玑悬斡，晦魄环照。／指薪修祜，永绥吉劭。矩步／引领，俯仰廊庙。束带矜庄，／徘徊瞻眺。孤陋寡闻，愚蒙／等诮。谓语助者，焉哉乎也。／

至正四年，岁在甲申，二月廿／日如川写。濮阳吴叡。

祝允明

祝允明（1461—1527年），字希哲，因右手有枝生手指，故自号枝山。长洲（今江苏吴县）人。擅诗文，尤工书法，名动海内，与唐寅意气相投，遭际与共。与唐寅、文徵明、徐祯卿并称"吴中四才子"。

《牡丹赋》行草书。纵30.6厘米，横529.6厘米，故宫博物院藏。该卷书于嘉靖甲申三月十五日，祝允明时年65岁。此卷娟秀洒脱，与祝氏气势宏伟的草书相较，大相径庭。

释文：

《牡丹赋》/ 古人言花者，牡丹 / 未尝与焉。盖遁乎 / 深山，自幽而著。以为 / 贵重所知，花则何遇 / 焉？天后之乡，西河 / 也，精舍下有牡丹，特 / 异，天后叹上苑之有 / 阙，因命移植焉。由此，/ 京国牡丹日月浸盛。/ 今则自禁闼泊官署，/ 外延庶士之家，弥漫 / 如四渎之流，不知其止息 / 之地。每暮春之月，遨 / 游之士，亦上国繁华 / 之一事也。近代文士为歌 / 诗以咏其形容，未有能 / 赋之者。余独赋之，以极 / 其美。或曰：子常以丈夫 / 功业自许，今则肆情 / 于一花，无乃犹有儿女 / 之心乎？余应之 / 曰：吾子 / 独不见张荆州之为 / 人乎？斯人信丈夫也。/ 然吾观其文集之首，/ 有《荔 / 枝赋》焉。荔枝 / 信美矣，然亦不出一 / 果尔，与牡丹何异哉？/ 但问其所赋之旨何 / 如，吾赋牡丹何伤焉，/ 或者不能对，余遂赋 / 以示之。/

圆玄瑞精，有星而景，/ 有云而卿。其光下垂，/ 遇物流形。草木得之，发 / 为红英。英之甚红，钟乎 / 牡丹。拔类迈伦，国香 / 欺兰。我研物情，次第 / 而观。暮春气极，/ 绿苞 / 如珠。清露宵偃，韶光 / 晓驱。动荡支节，/ 如解凝结，百脉融畅，/ 气不可 / 遏。兀然盛怒，/ 如将愤泄。淑色披开，/ 照曜酷烈。美肤腻 / 体，万状皆绝。赤者如 / 日，白者如月。淡者如赫，/ 殷者如血。向者如迎，背 / 者如诀。坏者如语，含 / 者如咽。俯者如愁，仰者 / 如悦。袅者如舞，侧者 / 如跌。亚者如醉，曲者如 / 折。密者如织，疏者如 / 缺。鲜者如濯，惨者如 / 别。初朦胧而 / 下上，次鳞鳞而 / 重叠。锦衾 / 相覆，绣 / 帐连接。晴笼昼熏，宿 / 露宵裛。或灼灼腾秀，/ 或亭亭露奇。或飑然 / 如 / 招，或俨然如思，或 / 希风如吟，或泫露如悲。/ 或重然如缯，或烂然如 / 披。或迎 / 日拥砌，或照影 / 临池。或山鸡已驯，或威 / 风将飞。其态万万，胡可 / 立辨？不窥天 / 府，孰得而 / 见？乍遇孙武，来此教战。教战 / 谓何？摇摇纤柯。玉烂风 / 满，流霞成 / 波，历阶重 / 台，万朵千棵。西子南威，/ 洛神湘娥。或倚或扶，朱 / 颜色酡。各衔红 / 缸，争 / 嚬翠娥。灼灼夭夭，逶逶迤迤。/ 汉宫三千，艳列星河，我 / 见其少，孰云其 / 多。弄彩 / 呈妍，压景骈肩。席发 / 银烛，炉昇绛烟。洞府 / 真人，会于群仙。晶荧往 / 来，金缸列钱。凝睇相 / 看，曾不晤言。未及行雨，/ 先惊旱莲。公室侯家，/ 列之 / 如麻。咳唾万金，买 / 此繁华。遑恤终日，一言 / 相夸。列幄庭中，步障 / 开霞。曲庑 / 重梁，松篁 / 交加。如贮深闺，似隔窗 / 纱，仿佛息妫，依稀馆 / 娃。我来观之，如乘 / 仙槎。/ 脉脉不语，迟迟日斜。九 / 衢游人，骏马香车。有 / 酒如渑，万坐笙歌。一 / 醉是竞，孰知其他。我 / 按花品，此花第一。脱落 / 群类，独占春日。其大 / 盈尺，其 / 香满室。叶如 / 翠羽，拥抱柎比。蕊如 / 金屑，妆饰淑质。玫瑰 / 羞死，芍药自失。夭 / 桃 / 敛迹，秾李惭出。踯 / 躅宵溃，木兰潜逸。朱 / 槿灰心，紫薇屈膝，皆 / 让其先，敢怀愤嫉？焕 / 乎，美乎，后土之产物 / 也。使其华之如此而伟 / 乎，何前代寂莫而不 / 闻？今则昌然而大来。/ 曷草木之命，亦有时 / 而塞，亦有时而开？吾 / 欲问汝，曷 / 为而生哉？汝 / 且不言，徒留玩以徘徊。/

甲申岁春三月望 / 日，过汤氏西园观 / 牡丹盛开，廷用酒 / 次出纸索书舒元 / 舆《牡丹 / 赋》，遂书以 / 归之。允明。

唐寅

　　唐寅（1470年—1524年），字伯虎，又字子畏，以字行，号六如居士、桃花庵主、逃禅
仙吏等。南直隶苏州吴县人。明代著名画家、文学家，"吴中四才子"之一。在画史上又与
沈周、文徵明、仇英合称"明四家"或"吴门四家"。

　　《落花诗》行书，纸本长卷。纵26.6厘米，横406厘米，辽宁省博物馆藏本。收入七律十
首，均是《唐伯虎全集》补遗中的诗作。诗后唐寅有跋，然未标明书写时间。杨仁恺先生据
跋推断当写于和诗那年，即弘治十七年（1504年），但此推测有待商榷。

释文：

刹那断送十分春，富贵／园林一洗贫。
借问牧／童应没酒，试尝梅子／又生仁。
若为软舞欺／花旦，难保余香笑树／神。
料得青鞋携手／伴，日高都做晏眠人。／

夕阳黯黯笛悠悠，一霎／春风又转头。
控诉欲／呼天北极，胭脂都付水／东流。
倾盆怪雨泥三尺，／绕树佳人绣半钩。
颜／色自来皆梦幻，一番／添得镜中愁。／

李态樊香忆旧游，蓬／飞萍转不胜愁。
一身／憔悴茅柴酒，三月光／阴燕子楼。
爱惜难将／穷袴赠，凋零似托睡／鞋留。
红颜春树今非／昨，青草空埋土一丘。／

杏瓣桃须扫作堆，青／春白发感衰颓。
蛤蜊／上市惊新味，鹈鸠催／人再洗杯。
忍唱骊歌／送春去，悔教羯鼓彻／明催。
烂开嫌我平添／老，知老年来可烂开。／

青鞋布袜谢同游，粉／蝶黄蜂各自愁。
傍老／光阴情转切，惜花心／性死方休。
胶粘日月／无长策，酒酹荼蘼有／近忧。
一曲山香春寂／寂，碧云暮合隔红楼。／

伯劳东去燕西飞，南／浦王孙怨路迷。
鸟唤／春休背人去，雨妆花／作向隅啼。
绿阴茂苑／收弦管，白日长门锁／婢僮。

蛱蝶翩翩残梦／里，曲栏纤手忆同携。／

春风百五尽须史，花／事飘零剩有无。
新酒／快倾杯上绿，衰颜已／改镜中朱。
绝缨不见／偷香椽，堕溷翻成逐／臭夫。
身渐衰颓类如／此，树和泪眼合同枯。／

时节蚕忙擘黑时，花／枝堪赋比红儿。
看来／寒食春无主，飞过邻／家蝶有私。
纵使金钱／堆北斗，难饶风雨葬／西施。
匡床自拂眠青／昼，一缕烟茶飏鬓丝。／

簇簇双攒出茧眉，淹／淹独倚曲栏时。
千年／青冢空埋怨，重到玄／都好赋诗。
香逐马蹄／归蚁垤，影和虫臂胃／蛛丝。
寻芳了却新年／债，又见成阴子满枝。／

芳菲又谢一年新，能／赋今无八斗陈。
傝薄／错抛倾国色，缘轻不／遇买金人。
杜鹃啼血／山中夜，蝴蝶游魂树／底春。
色即是空空／是色，欲从调御忏贪／嗔。／

石田先生尝咏落花／十篇，人情物态，曲尽／无
遗，而用意炼语，／超越前辈，视昔人绿／阴
青子之句，已觉廖／然矣。间以示予，读之／累
日，不能释手，顾予／方被翳林樾，自付陈／
朽，栽瞻飞英，辞条／委厕，有不撄怀者哉，／
勉步后尘，政不自知／其丑也，暇日因书一／
过，并系小图寄兴。／
吴趋唐寅书。／

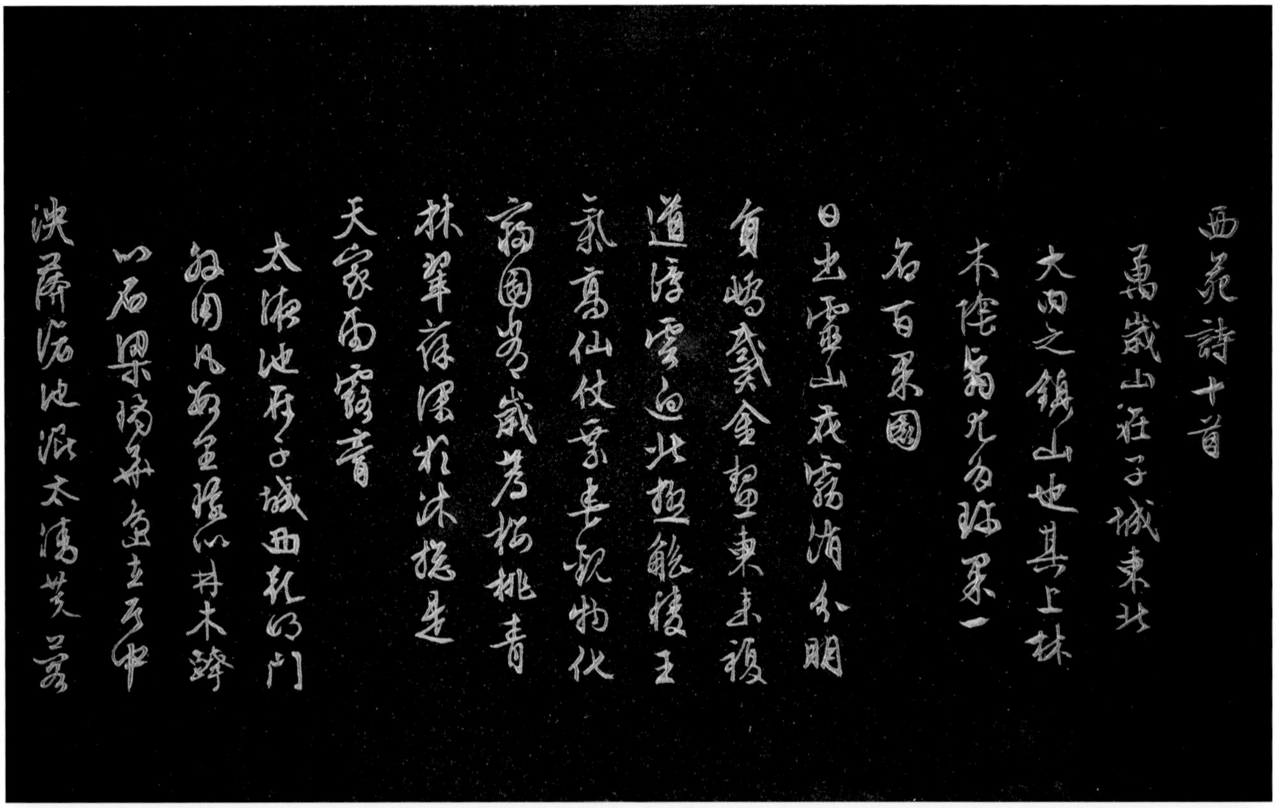
西苑詩十首

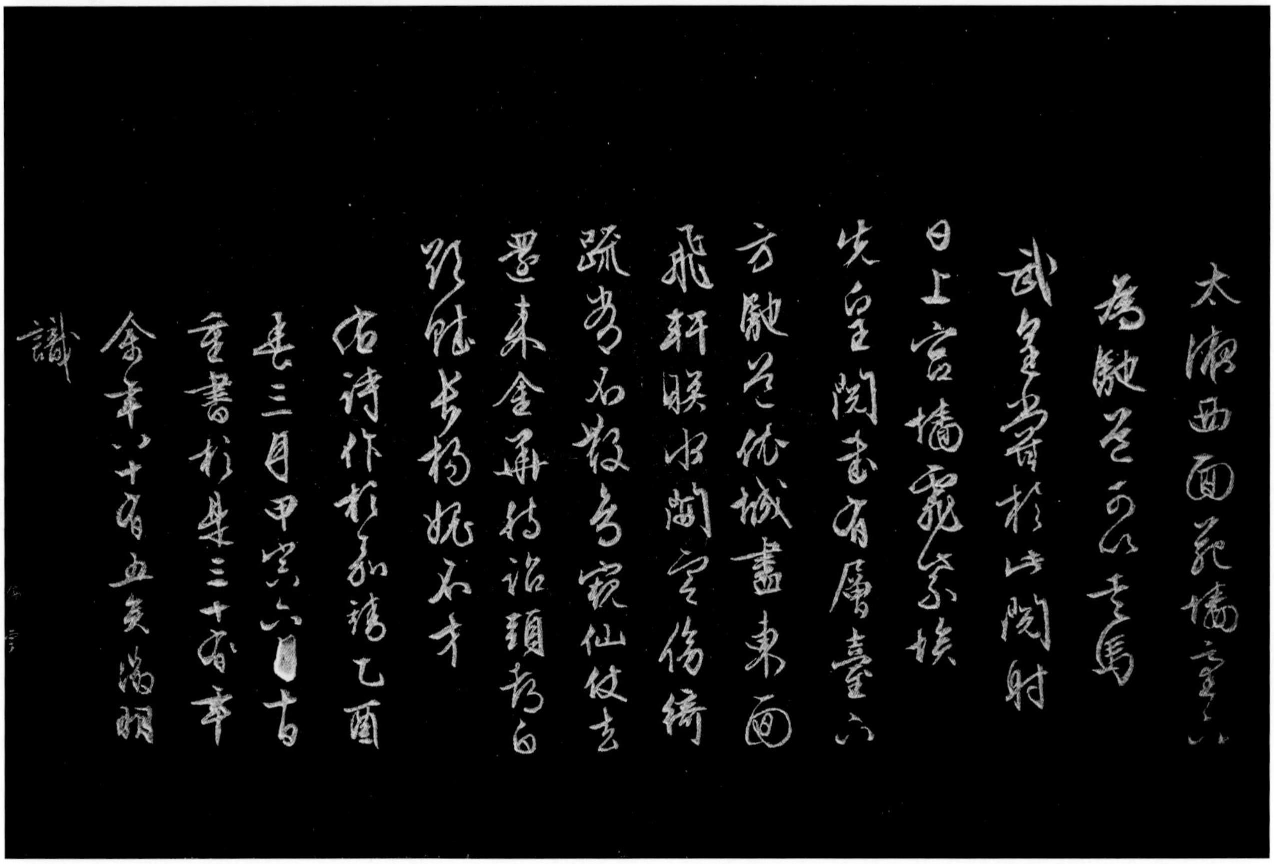
余年八十有五矣徵明
識

文徵明

　　文徵明（1470—1559年），原名壁（或作璧），字徵明。42岁起，以字行，更字徵仲。因先世衡山人，故号"衡山居士"，世称"文衡山"。长州（今江苏苏州）人。明代著名画家、书法家、文学家。卒年90岁。有《甫田集》。

　　《西苑诗》原件为藏经纸，乌丝栏，纵28.4厘米，横447.4厘米。辽宁省博物馆藏。此卷行草书用笔苍劲流畅，书体端整秀雅，是文徵明晚年佳作之一。后有王澍题跋，并有"庆邸鉴赏书画之章"等藏印多方，是文徵明56岁在京任翰林院待诏时所作，均为七律，共十首。描述宫城西以太液池为中心的御苑（即今中南海、北海）景色。此卷书写于甲寅（1554年）六月十日，距成诗时隔30年，是年已85岁。

释文：

《西苑诗十首》/ 万岁山在子城东北 / 大内之镇山也，其上林 / 木阴翳，尤多珍果，一 / 名百果园。/ 日出灵山花雾消，分明 / 员峤戴金鳌。东来复 / 道浮云迥，北极觚棱王 / 气高。仙仗乘春观物化，/ 寝园常岁荐樱桃。青 / 林翠葆深于沐，总是 / 天家雨露膏。/ 太液池在子城西乾明门 / 外，周凡数里，环以林木，跨 / 以石梁，琼华岛在其中。/ 泱漭沧池混太清，芙蓉 / 十里锦云平。曾闻乐 / 府歌黄鹄，还见秋风动 / 石鲸。玉蛛连卷垂碧落，/ 银山缥缈自寰瀛。从知 / 凤辇经游地，兔雁徊 / 翔总不惊。/ 琼华岛在太液池中，上 / 有广殿，相传辽太后游 / 息之所。/ 海上三山涌翠鬟，天宫 / 遥在碧云端。古来漫说 / 瑶台迥，人世宁知玉宇寒。/ 落日芙蓉烟袅袅，秋风 / 桂树露漙漙。胜游寂寞 / 前朝事，谁见吹萧驾彩 / 鸾。/ 承光殿在太液池上，围 / 以瓮城，殿构圜转如 / 盖，一名圆殿，中有古栝，甚奇。/ 小苑平临太液池，金铺约 / 户锁蟠螭。云中帝坐飞 / 华盖，城上钩

陈绕翠旗。/ 紫气曾回双凤辇，青 / 松犹有万年枝。从来 / 清跸深严地，开尽碧桃 / 人未知。/ 龙舟浦在琼华岛东 / 北，有水殿，中泊御舟。/ 别殿阴阴水窦连，汉家 / 帝子有楼船。兰桡桂 / 楫曾千里，锦缆牙 / 樯忆往年。汾水秋风空落日，/ 隋堤杨柳漫青烟。/ 今皇别有同民乐，不遣 / 青龙漾碧川。/ 芭蕉园在太液池东岸，/ 古木珍石参错其中，小山 / 曲水，特为奇胜。每 / 实录成，于此焚草。/ 小山盘析翠岭 / 岈，松桧阴阴 / 辇路斜。草长兰亭迷 / 曲水，雨深桃洞自飘花。紫 / 云依旧围黄屋，青鸟 / 还应识翠华。知是史 / 臣焚香第，文光隐隐结 / 红霞。/ 乐成殿在芭蕉园之，/ 有石池，池中三亭，架朱 / 梁以通，亭左右小山九，/ 曰九岛，其东别殿凿涧，/ 激水以转碓磨，南田谷 / 成，于此春治，故曰乐成。/ 太液东来锦浪平，芙蓉 / 小殿瞰虚明。赤栏蘸影 / 双龙卧，绿水浮渠九岛 / 轻。漾日金鳞堪引钓，拂 / 天翠柳乱闻莺。激流 / 静看飞轮转，天子无为乐岁成。/ 南台在太液之南，上有 / 昭和殿，下有水田村舍，/ 先朝尝于此阅稼。/ 青林迤逦转回塘，南去 / 高台对苑墙。暖日旌 / 旗春欲动，熏风殿阁 / 昼生凉。别开水榭亲鱼 / 鸟，下见平田熟稻粱。/ 天子一游还一豫，居然清 / 禁有江乡 / 兔园在太液之西，崇山复 / 殿，林木蔽亏，山下池象 / 龙激水 / 自地中转出 / 龙吻。/ 汉王游息有离宫，锁 / 闼朱扉迤逦通。别殿春风 / 巢紫凤，小山飞涧架晴 / 虹。团云芝盖翔林表，/ 喷壑龙泉转地中。简朴 / 由来尧舜事，故应梁 / 苑不相同。/ 平台在兔园之北，东临 / 太液，西面苑墙，台下 / 为驰道，可以走马。武皇 / 尝于此阅射。/ 日上宫墙霏紫埃，/ 先皇阅武有层台。下 / 方驰道依城尽，东面 / 飞轩映水开。云傍绮 / 疏常不散，鸟窥仙仗去 / 还来。金华待诏头都白，/ 欲赋长杨愧不才。/ 右诗作于嘉靖乙酉 / 春三月，甲寅六月十 / 日 / 重书，于是三十有年，/ 余年八十有五矣，徵明 / 识。/

大唐中興頌

名書水部員外
郎直殿中侍御
史兼南節度
前行摻為刻
金紫光祿大夫
判官元結撰
闕國公顏真卿
書
史上柱國魯郡
天寶十四年安祿
山陷洛陽明年
隨吾安天子幸
蜀太子即位於
靈武明年皇軍
移軍鳳翔至今
復為京上皇罝

二者字殊法不
厚郡文流江東
西中直浯溪石
崖文齋之廢也
鐫刻此題名
千萬年
上元二年秋八月
撰大唐中興頌
六月刻
右浯溪中興頌碑
賴曾之真書金石
行體餘之仍存至
刻搨歲月乙巳摺
士得揚豪守以
研刻之念新洛秋
書名雄性讀碑
不逮甲其趙孟頫
曹山為浯涇讀碑
圖因作形居宇鶴

頀渡溪讀碑圖

董其昌

　　董其昌（1555—1636年），字玄宰，号思白、香光居士。华亭（今上海松江）人。官至南京礼部尚书。明代著名书画家，能文擅诗，富收藏，精鉴定及书画理论，著有《容台集》、《容台别集》、《画禅室随笔》等。

　　《大唐中兴颂》为唐代元结所撰，颜真卿用楷书大字书写，镌刻于湖南祁阳县浯溪的摩崖之上。此卷为董其昌学颜书中的佼佼者，虽用行体而具楷书笔意，结构端庄，笔笔严谨。用笔起落有致，无往不收，无垂不缩，信笔随意之处鲜见，确为作者用意之作。

释文：

《大唐中兴颂》有序。/

尚书水部员外 / 郎、兼殿中侍御 / 史、荆南节度 / 判官元结撰。/ 金紫光禄大夫、/ 前行抚州刺 / 史、上柱国鲁郡 / 开国公颜真卿 / 书。/

天宝四十年，安禄 / 山陷洛阳；明年，/ 陷长安。天子幸 / 蜀，太子即位于 / 灵武。明年，皇帝 / 移军凤翔，其年 / 复两京，上皇还 / 京师。於戏！前代 / 帝王有盛德大 / 业者，必见于歌 / 颂。若今歌颂大业，刻之金石，非 / 老于文学，其谁宜 / 为？颂曰：/ 噫嘻前朝，孽臣 / 奸骄，为惛为妖；/ 边将骋兵，毒乱 / 国经，群生失宁；/ 大驾南巡，百寮 / 窜身，奉贼称臣。/ 天将昌唐，繄睨 / 我皇，匹马北方；独 / 立一呼，千麾万 / 旌，戎卒前马；我 / 师其东，储皇抚 / 戎，荡攘群凶；复 / 复指期，曾不逾 / 时，有国无之。事 / 有至难，宗庙再 / 安，二圣重欢。地 / 辟天开，蠲除祆 / 灾，瑞庆大来！凶 / 徒天休，死生逆俦，/ 涵濡堪羞；功劳 / 位尊，忠烈名存，/ 泽流子孙。盛德 / 之兴，山高日升，万 / 福是膺。能令大 / 君，声容沄 / 沄，不 / 在斯文。湘江东 / 西，中直浯溪，石 / 崖天齐。可磨可 / 镌，刊此颂焉，何 / 千万年！/ 上元二年秋八月 / 撰，大历六年夏 / 六月刻。

右浯溪中兴颂碑 / 颜鲁公真书，余以 / 行体录之，仍存其 / 刻撰岁月。乙己校 / 士衡阳，永州守以 / 碑刻至，念祁阳犹远，不能往读碑，/ 而箧中有赵吴兴 / 画山谷浯溪读碑 / 图，因作歌属守镌 / 之。/

题浯溪读碑图。/ 漫郎左氏癖，鲁国羲之鬼。千载远擅场，同時恰对垒。有唐九庙随秋烟，一片中兴石不毁。几回吹律寒谷春，几度看碑陈迹新。辽宁归来认城郭，杜鹃声里含君臣，折钗黄绢森光怪，旧国江山余气概。当时富贵腹剑多，异代风流椽笔在，书生何负于国哉，元佑之籍何为来。子瞻饱吃惠州饭，涪翁夜上浯溪台。扶藜扫石溪声咽，不禁伎痒犹题碣。清时有味是无能，但漱湘流莫饶舌。董其昌书。浯溪中兴碑，名三绝碑，谓颜之书，元之颂与镜石内外莹澈为三耳。予闻耳呵之。夫文章与书道必以其人重，若元漫郎之高洁，颜清臣之忠义，为唐时人物冠冕。正使不文不书，自足名世。况颂之淬严，有典诰体，书之瑰伟兼篆籀法如此者乎。柳子厚平淮雅似此颂，蔡君谟建桥记似此书。数百年来可与颉颃者，仅见此两人。然君谟进凤团茶，已为东坡所叹，子厚又不直言矣。信乎三绝之难也。其昌。

金农

金农（1687—1763年），字寿门、司农、吉金，号冬心先生、稽留山民、曲江外史、昔耶居士等。钱塘（今浙江杭州）人。清代书画家，扬州八怪之首。布衣终身。好游历，卒无所遇而归。晚寓扬州，卖书画自给。嗜奇好学，工诗文书法，诗文古奥奇特，并精于鉴别。书法创扁笔书体，兼有楷、隶体势，时称"漆书"。53岁后才工画。其画造型奇古，擅用淡墨干笔作花卉小品，尤工画梅。

金农是扬州八怪的核心人物。他在诗、书、画、印以及琴曲、鉴赏、收藏方面都称得上是大家。金农从小研习书文，文学造诣很高。浓厚的学养使他居于"扬州八怪"之首。但是金农天性散淡，他的书法作品较扬州八怪中的其他人来说，传世作品数量是非常少的。他生活在康、雍、乾三朝，因此他给自己封了个"三朝老民"的闲号。金农初不以工书为念，然书法造诣却在"扬州八怪"中成为最有成就的一位，特别是他的行书和隶书均有着高妙而独到的审美价值。他的隶书早年是"墨守汉人绳墨"的，风格规整，笔划沉厚朴实，其笔划未送到而收锋，结构严密，多内敛之势，而少外拓之姿，具有朴素简洁风格。金农的书法艺术以古朴浑厚见长，他首创的漆书，是一种特殊的用笔用墨方法。"金农墨"浓厚似漆，写出的字凸出于纸面。所用的毛笔，像扁平的刷子，蘸上浓墨，行笔只折不转，像刷子刷漆一样。这种方法写出的字看起来粗俗简单，无章法可言，其实是大处着眼，有磅礴的气韵。

释文：

青松枝，物外姿；好配食，斋房芝。

古谣一首，书于九节菖蒲憩馆。乾隆丁丑清秋，百二砚田富翁金农。

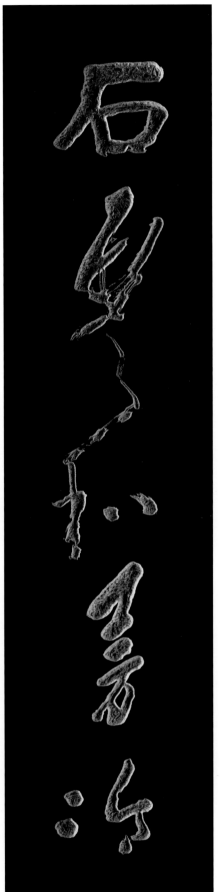

黄慎

　　黄慎（1687—？年），清代杰出书画家，卒年不详。初名盛，字恭寿、恭懋、躬懋、菊壮，号瘿瓢子，别号东海布衣，扬州八怪之一。福建宁化人。

　　黄慎擅草书，学"二王"，更得怀素笔意，从章草脱化而出。笔姿放纵，气象雄伟，"字中有画"，敢于标新立异。

释文：

石寒和梦冷，野草入诗香。

黄慎。

快意行時防失足

閑心難處急回頭

郑燮

　　郑燮（1693—1765年），字克柔，号板桥、板桥道人。江苏兴化人，祖籍苏州。清朝官员、学者、书法家，"扬州八怪"之一。其诗、书、画均旷世独立，世称"三绝"，擅画兰、竹、石、松、菊等，其中画竹五十余年，成就最为突出。著有《板桥全集》。

　　郑燮书法以楷、隶为主，把楷、隶、草、篆融为一体，创造了一种新书体，人称"六分半书"。

释文：

快意行时防失足，问心难处急回头。

板桥郑燮。

陆士衡平复帖凡九行墨色多绿者

二百余帖辩伪以为姿帖法如知云帖非剋

士龙书此后人为之了平复帖无以定为

士衡出或因旧题为笑三字而右无见士帖前

故题曰为陆士如

石养居士

刘墉

刘墉（1719—1804年），字崇如，号石庵，另有青原、香岩、东武、穆庵、溟华、日观峰道人等字号，清代书画家、政治家。山东省高密县逢戈庄人（原属诸城），祖籍安徽砀山。乾隆十六年（1751年）进士，刘统勋之子。官至内阁大学士，为官清廉，有乃父之风。做过吏部尚书、体仁阁大学士。工书，尤擅长小楷，传世书法作品以行书为多。嘉庆九年十二月二十五日卒于京。谥文清。

刘墉不仅是政治家，更是著名的书法家，是帖学之集大成者，被誉为清代四大书法家之一（其余三人为成亲王、翁方纲、铁保）。清朝徐珂称赞刘墉："文清书法，论者譬之以黄钟大吕之音，清庙明堂之器，推为一代书家之冠。盖以其融会历代诸大家书法而自成一家。所谓金声玉振，集群圣之大成也。其自入词馆以迄登台阁，体格屡变，神妙莫测。"刘墉是一位善学前贤而又富有创造性的书法家，师古而不拘泥。刘墉书法的特点是用墨厚重，体丰骨劲，浑厚敦实，别具面目。刘墉之书尤擅小楷，后人称赞其小楷有钟繇、王羲之、颜真卿和苏轼的法度，深得魏晋小楷风致。刘墉还兼工文翰，博通百家经史，精研古文考辨。

释文：

陆士衡平复帖计九行，墨色有绿意，纸／亦百杂碎，极似幼安笔法，始知阁帖所刻／士龙书皆后人为之耳。

平复帖无以定为／士衡书，或因有彦先二字，而彦先见士衡诗中，／故题目为陆书耶。／

石庵居士。

邓石如

邓石如（1743—1805年），初名琰，字石如，后更字顽伯，号完白山人。安徽怀宁（安庆）人。清代著名篆刻家、书法家，邓派篆书篆刻艺术的创始人。

邓石如早期的篆书以秦李斯、唐李阳冰篆书为宗，婉转流畅，宽博多姿。后博参钟鼎文、石鼓文、汉碑篆额、瓦当文等，并将隶书的方折化用笔融入篆书，打破传统篆书单一圆转笔法，强化用笔的提按起伏与结体的疏密反差，用隶书的方折化接笔构形打破传统篆书屈曲缠绕的繁复篆法，为后人学习篆书大开方便之门。

邓派发扬光大者主要有吴让之、赵之谦、徐三庚等。

释文：

万绿阴中，小亭避暑。／八闼洞开，几簟皆绿。／雨过蝉声，风来花气，／令人自醉。

顽伯邓石如。／

沽酒十千朝退後

嘉慶九年仲秋佳日

誦詩三百對專能

汀州伊秉綬

伊秉绶

　　伊秉绶（1754—1815年），字祖似，号墨卿，晚号默庵。福建汀州人，故人又称"伊汀州"。乾隆四十四年举人，乾隆五十四年进士，历任刑部主事，后擢员外郎。嘉庆四年任惠州知府，因与其直属长官、两广总督吉庆发生争执，被谪戍军台，昭雪后又升为扬州知府。嘉庆七年（1802年），伊秉绶54岁时，因父病逝，去官奉棺回乡，扬州数万市民洒泪送别。

　　在任期间，以"廉吏善政"著称。病逝（逝年61岁）后，扬州人仰慕其遗德，在当地"三贤祠"（祀欧阳修、苏轼、王士祯三人之祠）中并祀伊秉绶，改称"四贤祠"。

　　伊秉绶喜绘画、治印，亦有诗集传世。工书，精篆隶，精秀古媚。其书超绝古格，使清季书法放一异彩。隶书尤自成高古博大气象，与邓石如并称大家。

释文：

沽酒十千朝退后，诵诗三百对专能。

嘉庆九年仲秋佳日，汀州伊秉绶。

杨沂孙

杨沂孙（1812—1881年），字子舆，号泳春，晚号濠叟。江苏常熟人。道光二十三年（1843年）举人，官至凤阳知府。清代著名书法家。

杨沂孙醉心于学术与书艺，尤于文字学与篆书造诣甚深。篆书崇仰邓石如，但能融金文、石鼓文入小篆，在邓石如"以隶作篆"基础上进一步强化平直方折与圆转浑融的对比，用笔每每重起轻收，字形一改邓石如的纵长而为方形，形成刚柔相济、方圆互用、醇和典雅的新书风，开辟出独属于己的新天地。

他的一些篆书作品使转过于方折，线形过于平直，故马宗霍《霎岳楼笔谈》认为"濠叟篆书，功力甚勤，规矩并备，所乏者韵耳。"

释文：

清诗草圣俱入妙，帝乐天香似许闲。

濠叟杨沂孙篆。

吴昌硕

　　吴昌硕（1844—1927年），原名俊，字昌硕，别号缶庐、苦铁等。浙江孝丰（今湖州安吉）人。中国近现代书画艺术发展过渡时期的关键人物，晚清民国时期集"诗、书、画、印"于一身的开派宗师，与任伯年、赵之谦、虚谷并称为"清末海派四大家"。他的绘画最擅长在写意花卉中融入书法、篆刻的行笔、运刀、章法等元素，形成富有金石味的大写意画风。其篆刻师秦法汉，并融会石鼓文书法、古封泥、瓦当等，古厚中见空灵，老辣中透秀逸，后人谓之"貌古神虚，形残神全"。

　　吴昌硕的篆书宗石鼓文，"数十载从事于此"，并吸收先秦大篆精髓，日益写出参差错落之美，自称"一日有一日之境界"，终成圆劲、雄浑、高古风貌。

　　吴昌硕的诗、书、画、印成就影响巨大，从者亦众。

释文：

渊深识鱼乐，树古多禽鸣。

安吉吴昌硕。

雲龍遠噓吸

天馬自騰驤

康有為

康有为

　　康有为（1858—1927年），原名祖诒、字广厦、号长素，又号明夷、更牲、西樵山人、游存叟，晚年别署天游化人。广东省南海县人，人称"康南海"。近代著名政治家、思想家、社会改革家、书法家和学者。信奉孔子儒家学说，并致力于将儒学改造为可以适应现代社会的国教，曾担任孔教会会长。推行戊戌变法，旋失败。著有《新学伪经考》、《孔子改制考》、《大同书》、《广艺舟双楫》等。

　　康有为书法上力倡北碑，法《石门铭》，气满神畅，雄健飞逸，自成面目。

释文：

云龙远嘘唏，天马自腾骧。

康有为。

天鏡澄文地艦樂會翁戴

慶霄涵物瑞露膏年

古徽集陸耀適胡天游語李膺

郑孝胥

郑孝胥（1860—1938年），字太夷，号苏戡，又称海藏。福建闽侯人。近代政治人物、著名书法家。清光绪八年（1882年）举人，曾历任广西边防大臣，安徽、广东按察使，湖南布政使等。辛亥革命后以遗老自居。1932年任伪满洲国总理兼文教部总长等，1935年下台。著有《海藏楼诗集》、《孔教新编》等。

工诗文，书法精研楷、隶，尤善楷书，取径欧阳询及苏轼，而得力于魏碑，所作字势偏长，苍劲朴茂。

释文：

天镜澄文地盘翕载，庆霄涵物瑞露膏年。

古微集陆燿通胡天游语，孝胥。

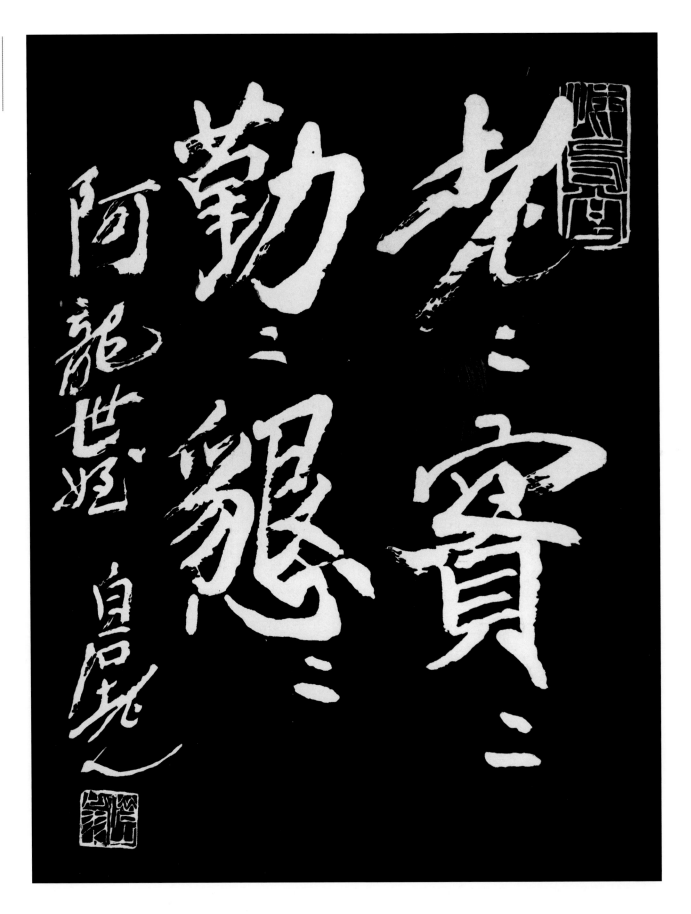

勤劳之宝懃懇之二

阿龙世兆

昌兒人

齐白石

齐白石（1864—1957 年），原名纯芝，字渭清，后改名璜、字濒生，号白石，别号借山吟馆主者、三百石印富翁等。湖南湘潭人。被誉为近现代"诗、书、画、印"四绝的艺术大师，世人谓之"齐派"。

齐白石的山水花鸟以青藤、八大为宗，复学赵之谦、金冬心、吴昌硕，能转益多师而独出机杼，在水墨大写意中借古开今，独树一帜。行书初学何绍基，后改学金农、郑板桥、李邕等。隶书则出自汉《郙阁颂》、《衡方碑》等。老人晚年自述学印学书的过程云："余之刻印，始于二十岁以前，最初自刻名字印，友人黎松庵借以丁、黄印谱原拓本，得其门经后数年得《二金蝶堂印谱》，方知老实为正，疏密自然乃一变。后再喜《天发神谶碑》刀法一变，再后喜《三公山碑》篆法一变，最后喜《秦权》纵横平直，一任自然，又一大变。"书、印互补，蝉蜕龙变，白石老人的"三变"反映了他篆书篆刻演进的三大阶段，也反映了他在多种篆书的融合之中寻觅到了展现自己个性的天地。他的诗、书、画、印都有一个最明显的艺术特征，那就是质朴无华的平民化特色。

这幅作品乃其成熟期作品，疏密有致，收放自如，素朴苍劲。

释文：

老老实实，勤勤恳恳。

阿龙世姪，白石老人。

山光扫黛水挼蓝翠竿说樽前拯笑谈
伯氏清修如舅氏济南萧飒如江南庾
阴风月乾吟笔不解笙簧醉舞衫
恐使君乘传去拾遗今日是前衔

黄山谷诗

壬午岚虹

黄宾虹

黄宾虹（1865—1955年），名质，字朴存，号宾虹、虹庐、豫向、黄山山中人等。近代著名学者型画家。历任上海、北京、杭州等地美术学校教授。擅山水画，浑厚华滋，独创新境。工书法篆刻，精篆籀之学，所书古文字集联苍古秀润。著有《古画微》、《画学通论》、《金石书画编》，与邓实合辑《美术丛书》。

黄宾虹的行书笔无定迹，通于画法，信手书来，萧散有致。

释文：

（黄庭坚《同世弼韵作，寄伯氏，兼呈六舅祠部》）

山光扫黛水挼蓝，闻说樽前惬笑谈。
伯氏清修如舅氏，济南萧洒似江南。
屡陪风月干吟笔，不解笙簧醉舞衫。
只恐使君乘传去，拾遗今日是前衔。

黄山谷诗。壬午宾虹。

孙中山

孙中山（1866—1925年），名文，字载之，号日新，又号逸仙。广东香山翠亨村（今广东中山）人。流亡日本时化名"中山樵"，常以中山为名。初学医，后从事民主革命，创建同盟会、国民党，建立中华民国，倡导三民主义，是中国伟大的民主革命开拓者。

孙中山书法本于唐宋，取法在颜真卿、苏东坡之间，并融会北碑，雄迈俊逸，遒丽天成，自成一格。

释文：

四方风动。

孙文

僧荆蓭居靈巖能詩其荒

花云高枝忍別雜逝水随飄

蕩移竹云別去寒山寺柬依明

月樓佳什也 壬午孟夏於皋

鄰清文六和塔詩云經過塔下

幾春秋每恨無因到上頭今日

始知高處不如歸臥舊林邱

詩盖自喻此 丁卯孟春 潘於皋

潘龄皋

潘龄皋（1867—1954年），字锡九，号葛城居士。河北安新人。晚清民国间爱国人士、著名书法家。他拥护孙中山辛亥革命，解放后任中央人民政府军事委员会参议。通经史，擅诗词，喜古文，工书法。尤擅行书，初从赵孟頫入手，后取法颜真卿、苏轼、董其昌、刘墉等，敦厚中包含爽劲，简朴中蕴蓄深沉。民国时期与谭延闿齐名，有"南谭北潘"之誉。

释文：

僧荆菴居灵严，能诗，其落花云："高枝忍别离，逝水随飘荡。"移竹云："别去寒山寺，来依明月楼。"佳什也。

壬午孟夏龄皋。

郑清之六和塔诗云："经过塔下几春秋，每恨无因到上头。今日始知高处险，不如归卧旧林丘。"诗盖自喻也。

丁卯孟春潘龄皋。

意随流水俱遠

甲子夏仲

心与白云同闲

吴兴巴玉泉

王震

　　王震（1867—1938年），字一亭，号白龙山人、梅花馆主、海云山主等，法名觉器。祖籍浙江吴兴，出生于上海青浦。信佛教，吃长斋，为近代著名书画家、慈善家，与任伯年、吴昌硕友善。继吴昌硕之后任上海昌明艺专校长。擅画工书，所作行草气势奔放，酣畅雄浑，堪与吴昌硕比肩。

释文：

意随流水俱远，心与白鹤同闲。

甲子夏仲，吴兴王震。

著述最謹嚴非徒中國小説史

遺言太沈痛莫作空頭文學家

魯迅先生千古

蔡元培敬輓

蔡元培

蔡元培（1868—1940年），字鹤卿，后改仲申，又字民友、孑民。浙江绍兴山阴县（今绍兴县）人。中国近代著名教育家、革命家、政治家。中华民国首任教育总长，1916至1927年任北京大学校长，革新北大，开"学术"与"自由"之风。著有《蔡元培自述》、《蔡元培选集》、《中国伦理学史》等。

蔡元培行书碑骨帖韵，舒展开张，可见其心胸。

释文：

著述最谨严非徒中国小说史，
遗言太沉痛莫作空头文学家。
鲁迅先生千古，蔡元培敬挽。

近梧桐新有陰

衙泥燕子總成巢

辛卯 功群

章炳麟

　　章炳麟（1869—1936年），初名学乘，字枚叔，以纪念汉代辞赋家枚乘，因反清意识浓厚，慕顾绛（顾炎武）的为人行事而改名绛，号太炎。后易名炳麟。浙江余杭人。清末民初思想家，史学家，朴学大师，民族主义革命者。研究范围涉及小学、历史、哲学、政治等。早年发起光复会，后参加同盟会，主编《民报》，任护法军政府秘书长。后在苏州设章氏国学讲习会，以讲学为业，为一代国学宗师。著有《文始》、《新方言》、《国故论衡》、《齐物论释》等。

　　章氏工书，篆书圆融古朴，行书朴秀苍逸。

释文：

近槛梧桐新有荫，衔泥燕子总成巢。

章炳麟。

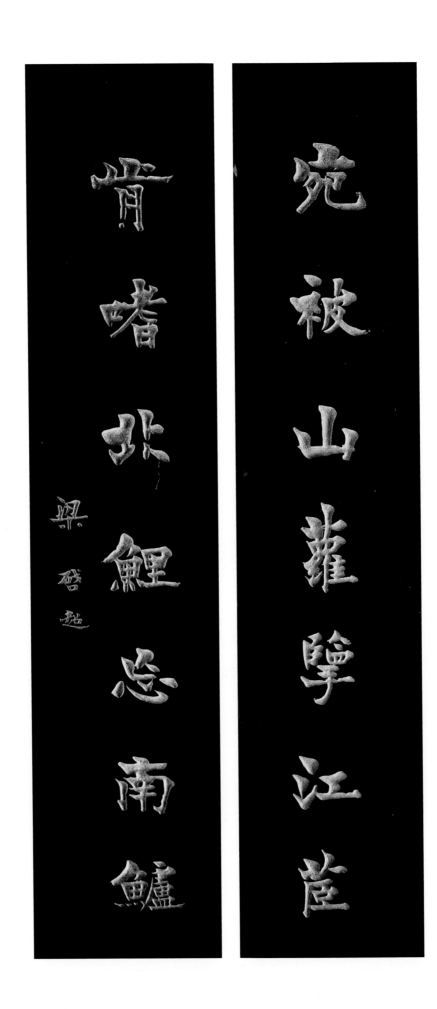

宛被山薄嶂江萑

宵嗜北鲤恣南鲈

梁启超

梁启超

梁启超（1873—1929年），字卓如，号任公，又号沧江、饮冰室主人。广东新会人。中国近代思想家、政治家、教育家、著名学者。清光绪十五年举人，1891年拜康有为为师，参与戊戌变法。后坚持君主立宪，反对孙中山领导的民主革命，同时介绍西方资产阶级社会政治学说，对当时知识界有较大影响。晚年在清华大学讲学。著述辑成《饮冰室全集》。

工书，宗北碑，雄强茂密中溢出书卷气息。

释文：

宛被山萝揽江莒，肯嗜北鲤忘南鲈。

梁启超。

露竹霜條故多勁節

日華雲實長伴幽人

丁巳仲夏李徐

徐生翁

　　徐生翁（1875—1960年），嗣李姓，名徐，号生翁，以号行。原籍浙江淳安，生于浙江绍兴。工书画，书法宗汉魏，朴质雄健，自言"余习隶者二十年，以隶意作真者又十余年，继嫌唐为法缚，乃习篆以窥魏晋，而魏晋古茂终逊汉人，遂侣两汉吉金，上攀鼎彝"。陆维钊评云："徐生翁先生书画可以简、质、凝、稚四字概之。"生前曾任浙江省文史馆馆员。

释文：

露竹霜条故多劲节，日华云实长伴幽人。

丁巳仲夏季徐。

陈衡恪

　　陈衡恪（1876—1923年），字师曾，号槐堂，又号朽道人。江西义宁（今江西修水）人。作为近代英年早逝的著名书画篆刻家，山水得力于沈周、道济、髡残、石溪、蓝瑛，不使一笔入四王，故生辣坚强，钩多皴少，尤不耐渲染，瘦骨嶙峋，笔笔有力。花卉则综合陈淳、徐渭、华昆、李鱓，参以吴昌硕，挺拔俊逸，不取怪态，以习博物，故形态逼真。其篆刻"导源于吴缶翁，泛滥于汉铜，旁求于鼎彝，纵横于砖瓦陶文，盖近代印人之最博者"（姚华《〈染仓室印存〉序中语》）。书法则篆、隶、魏、行无体不工，篆书深受乃师吴昌硕石鼓文影响，虽老辣不及，然笔力苍劲，风神爽畅，古朴中饶清新之意。著有《染仓室印存》、《陈师曾先生遗墨》、《槐堂诗钞》等。

释文：

（石鼓文集联）

天马孔骀求彼异域，执事唯工则我古贤。

陈衡恪。

黄炎培

　　黄炎培（1878—1965年），字任之，号楚南，笔名抱一。江苏川沙（今上海川沙）人。中国现代著名教育家、民主革命家。1902年与蔡元培、章太炎等组织中国教育会，任董事。后加入同盟会，辛亥革命后任江苏省教育司司长。1945年发起筹组中国民主建国会，积极投身于民主进步运动。解放后历任政务院副总理、政协全国委员会副主席、中国民主建国会主任委员等职。著有《黄炎培考察教育日记》、《中国教育史要》等。

　　书法擅行楷，偶见宕横引竖，以求势态，用笔劲健，雅逸多姿。

释文：

山市清明冷夕醺，女墙流水虎溪分。

平生此事伤廉甚，饱掠峨眉两袖云。

下峨眉山旧作。一九五一年七月，黄炎培，北京。

王褆

　　王褆（1878—1960年），初名寿祺，后更名褆，字维季，号福厂，又号屈瓠，别署罗刹江民，斋名麋研斋，七十后自号持默老人。浙江仁和（今杭州）人。承家学，喜蓄印，自称印佣。工书法，大小二篆、楷、隶无不能，尤精治印，得浙派神髓。光绪三十年（1904年）与叶铭、丁仁、吴隐共创设西泠印社于西湖孤山，金石书画学者风起景从。民国初年至北京，任印铸局技正。民国十九年（1930年）至上海，鬻书、治印自给。解放后为上海中国画院画师。著有《说文部首检异》、《麋研斋作篆通假》、《福厂藏印》、《麋研斋印存》等。

释文：

（篆书《节临宗周钟文》）

王肇遹眚（省）文武，董强（觐疆）土，南或□□（国孳、子）敢臽（陷）处我土，王□（敦）伐□（其）至，□（扑）伐氒（厥）都，□□（孳、子）乃遣闲来逆卲（昭）王，南尸（夷）东尸。

癸未三月，节临宗周钟文，福厂王褆。

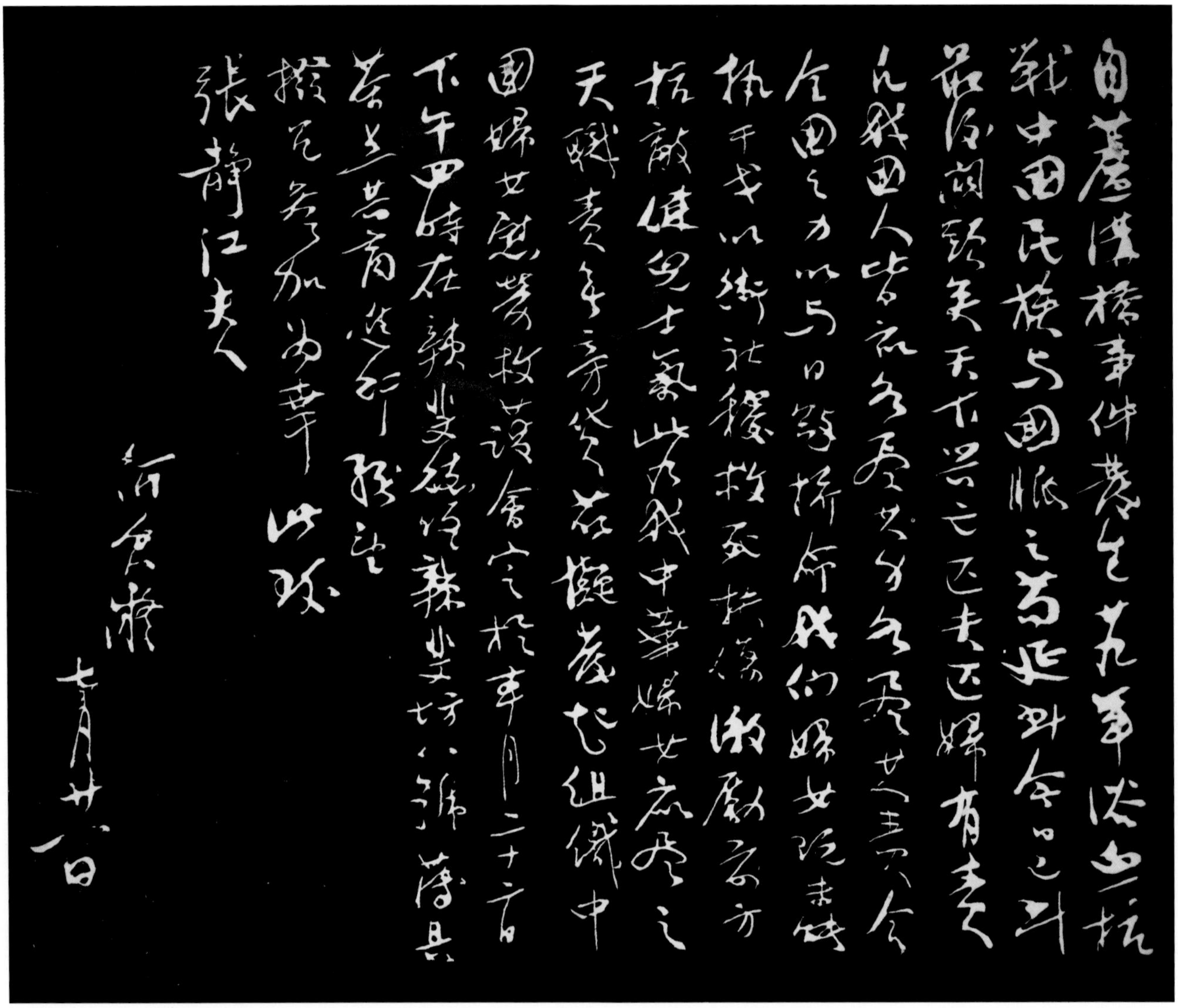

自芦沟桥事件发生九年以迄
战中国民族与国际之友谊到今已不
能在闻赞美天下岂不正夫正妇有责
儿我国人皆知多要以夕多要责人会
全国之力以与日寇拼命与其恃
执干戈以卫社稷救死扶伤劝励后方
抚恤遗儿士气以我中华媳女应有之
天职责年身份在疑庶志组织中
团娜世忠劳救读舍空枇车月二十首
下午四时在辣业银行森业坊八孙陵某
若生若肯贫却一张站
搬之多加为幸此改
张静江夫人

行营雅
七月廿一日

何香凝

何香凝（1878—1972年），原名瑞谏，又名谏，号双清楼主。广东南海（今广州市荔湾区）人。中国民主革命先驱、著名国民党左派、妇女运动领袖、画坛杰出美术家。廖仲恺的革命伴侣、廖承志的母亲。她早年追随孙中山，是同盟会的第一位女会员；她坚持孙中山三大政策，真诚同中国共产党合作；她发动妇女参加革命，为国内革命战争、抗日战争做出了卓越贡献；她把艺术创作与革命活动紧密相联，作品中充满战斗激情和浩然正气。有《何香凝诗画集》行世。

何香凝行书雄健灵动，洒脱自然。

释文：

自卢沟桥事件发生，廿九军浴血抗战，中国民族与国脉之苟延到今日，已到最后关头矣。天下兴亡，匹夫匹妇有责。自我国人皆应各尽其身、各尽其责，合全国之力以与日寇拼命，我们妇女既未能执干戈以卫社稷，救死扶伤、激励前方抗敌健儿士气，此乃我中华妇女应尽之天职，责无旁贷。兹拟发起组织中国妇女慰劳救护会，定于本月二十二日下午四时，在辣斐德路辣斐坊八号，薄具茶点，共商进行。务望拨冗参加为幸。此致，张静江夫人。

何香凝，七月廿八日。

總理遺囑

余致力國民革命凡四十年其目的在求中國之自由平等積四十年之經驗深知欲達到此目的必須喚起民衆及聯合世界上以平等待我之民族共同奮鬥現在革命尚未成功凡我同志務須依照余所著建國方略建國大剛三民主義及第一次全國代表大會宣言繼續努力以求貫澈最近主張開國民會議及廢除不平等條約尤須於最短期間促其實現是所至囑 細誤剛

十六年十一月三原于右任敬錄

于右任

于右任（1879—1964年），原名伯循，字右任，以字行，别署骚心、髯翁、太平老人。祖籍泾阳，生于陕西三原县。中国近现代著名的政治家、教育家、书法家。1906年追随孙中山加入同盟会，1910年与宋教仁等人创办《民立报》，致力反对袁世凯，曾长期任国民政府监察院院长。1905年，协助马相伯创立复旦大学，后三度援手救助复旦于危难之中，有"复旦孝子"之称。嗜碑铭金石，所见古刻名碑竭力保护。1924年从洛阳古董商手中买下古代墓志近300方，其中有7对北魏贵族夫妇墓志，遂名住室为"鸳鸯七志斋"。西安碑林大修告竣后，于右任将所藏全部捐出，共计318种384方，其中一级文物20多种。

于右任书法初学赵体，后潜心魏碑，行草自立风范，挥洒自如，神韵超迈。兼擅诗词，学养深厚。1932年他在上海发起成立了"标准草书社"，致力于草书规范化，有《标准草书》一册行世。1949年居台湾后写了不少怀念家乡、大陆的诗句，透露出对祖国统一的渴望。

释文：

总理遗嘱

余致力国民革命，凡四十年，其目的在求中国之自由平等。积四十年之经验，深知欲达到此目的，必须唤起民众，及联合世界上以平等待我之民族，共同奋斗。

现在革命尚未成功。凡我同志，务须依照余所著《建国方略》、《建国大纲》、《三民主义》及《第一次全国代表大会宣言》，继续努力，以求贯彻。最近主张开国民会议及废除不平等条约，尤须于最短期间，促其实现。是所至嘱！

十六年十一日三原于右任敬录。

無情未必真豪傑憐子如何不
丈夫知否興風狂嘯者回眸
時看小於菟

辛丑先生匾正

辛年之冬戲作録清

魯迅

鲁迅

鲁迅（1881—1936年），原名周树人，字豫才，笔名鲁迅。浙江绍兴人。著名文学家、思想家、教育家，五四新文化运动的重要参与者，中国现代文学的奠基人。毛泽东曾评价："鲁迅的方向，就是中华民族新文化的方向。"代表作有小说集《呐喊》、《彷徨》，散文集《朝花夕拾》等。

鲁迅喜搜集汉魏六朝碑刻，书法古雅、含蓄、自然。郭沫若评云："鲁迅先生无心作书家，所遗书迹自成风格，融冶篆隶于一炉，听任心腕之交应，朴质而不拘挛，洒脱而有法度，远逾宋唐，直攀魏晋，世人宝之，非因人贵也。"

释文：

（《答客诮》）

无情未必真豪杰，怜子如何不丈夫，知否兴风狂啸者，回眸时看小於菟。

未年之冬戏作，录请坪井先生哂亚，鲁迅。

李白乘舟将欲行
忽闻岸上踏歌声
桃花潭水深千尺
不及汪伦送我情

辛丑之春张守祥书胜事廿十

张宗祥

张宗祥（1882—1965年），字阆声，号冷僧，浙江海宁人。中国近代著名学者、书法家，在文学、史学、书画、金石学、考古学、医学、音乐等方面造诣颇深。历任西泠印社社长、浙江省图书馆馆长等职。毕生从事古书抄校工作，曾抄校六千余卷孤本、善本书，主持补抄文澜阁的《四库全书》。有《书学源流论》、《冷僧书画集》行世。

书法最擅长行、草书，宗李北海，肆力晋唐碑帖，兼容汉魏书法，雄浑洒脱，一气呵成。

释文：

（李白《赠汪伦》）

李白乘舟将欲行，忽闻岸上踏歌声。
桃花潭水深千尺，不及汪伦送我情。

辛丑夏张宗祥书，时年八十。

鼎湖流水清且閑　軒轅去時有弓劍　古人傳道

雷其開後宮嬋娟多花額　乘鸞飛煙出不還騎

龍攀天造天開造天開闔天　語長雲河車載玉

女戴玉為過紫皇　蚩皇乃賜白兔正搗玄藥方

後天而老調三無下視瑤池見王母蛾眉蕭颯

如秋霜　太白飛龍引　韵戲老人

马一浮

马一浮（1882—1967年），原名浮，字一浮，号湛翁，晚号蠲叟、蠲戏老人，以字行。浙江会稽（今浙江绍兴）人。中国现代思想家，与梁漱溟、熊十力合称为"现代三圣"，现代新儒家的早期代表人物之一。曾留学日、德、美，抗战期间应聘为浙江大学教授。工诗词，对文字学、古典文学及哲学均有造诣，通晓英、法、德、日、俄、拉丁六种外文。一生著述甚丰，后人辑为《马一浮集》。

马一浮先生擅长书法，各体皆备，碑帖兼取，尚古而脱古，自成一家。尤精行草及隶书，行草运笔俊利，章法清逸而气势雄强，横划多呈上翻之势，不拘成法，拙中寓巧，气格高古；隶书取精用弘，用笔温厚、结体潇洒。亦善治印，朴茂而富韵致。

释文：

（唐代李白《飞龙引二首·其二》）

鼎湖流水清且闲，轩辕去时有弓剑，古人传道留其间。
后宫婵娟多花颜，乘鸾飞烟亦不还，骑龙攀天造天关。
造天关，闻天语，长云河车载玉女。
载玉女，过紫皇，紫皇乃赐白兔所捣之药方。
后天而老凋三光，下视瑶池见王母，蛾眉萧飒如秋霜。

太白飞龙引，益蜀戏老人。

郊原雨初霁春物有馀妍古寺满脩

竹深林闻杜鹃睡馀柳花堕目瞑

山樱然西膳有病客危坐看香烟遊

鹤林招隐东坡居士　子瞻

沈尹默

沈尹默（1883—1971年），原名君默。祖籍浙江湖州。早年留学日本，后任北京大学教授和校长、辅仁大学教授。1949年后历任中央文史馆副馆长，上海市人民委员会委员，第三届全国人大代表等职务。以书法闻名，民国初年，书坛就有"南沈北于（右任）"之称。20世纪40年代书坛有"南沈北吴（吴玉如）"之说。他的书法宗法"二王"帖学，笔墨跌宕起伏，浓淡相间，兼欧阳询之神韵，带赵孟頫之骨肌，深受众多文人墨客的赏识。

释文：

郊园雨初霁，春物有余妍。古寺满修竹，深林闻杜鹃。睡余柳花坠，目眩山樱然。西窗有病客，危坐看香烟。游鹤林招隐。东坡居士。

尹默。

花香酒熟春風競

細雨斜風客到門

孙墨佛

孙墨佛（1884—1987年），原名孙鹏南，字云斋，曾用名孙巍，字尧天，号眉园，别号天舌山人，又名剑门老人。山东莱阳人。著名书法家，辛亥革命老人，中央文史馆馆员。1922年在中山先生大元帅府任参军。1952年经周恩来、董必武举荐，被聘为中央人民政务院文史研究馆馆员，致力于著书立说和书法研究创作，并被推荐为民革中央团结委员会委员。

自幼随刘大同学书法，后得到王垿、康有为亲授。初学魏碑，继临"二王"，旁及篆、隶、章草等。中年转习狂草，晚年专攻孙过庭《书谱》。曾任中国书协名誉理事、中山书画会理事。

释文：

花香酒熟春开瓮，细雨斜风客到门。

丙寅年元旦节日书于北京。剑门老人百零八岁孙墨佛。

谁使寒鸦意绪娇雪情山晚动
情愿乱和残照纷纷舞应索
阳乌次草饶

无尽

谢无量

谢无量（1884—1964年），原名蒙，后易名沈，字无量，以字行。四川乐至人。著名学者、诗人、书法家。早年留学日本，后曾任四川存古学堂监督、上海中华书局编辑、四川大学中文系主任。解放后任四川博物馆馆长、中央文史馆副馆长、中国人民大学教授等职。著有《中国大文学史》、《中国哲学史》、《诗经研究》、《佛学大纲》等。

他的书法南北兼收，碑帖并取，喜以秃毫作稚拙之体，泯其形迹，精气内涵，沉雄俊逸，磊落萧散。

释文：

（陆龟蒙《自遣》）

谁使寒鸦意绪娇，云情山晚动情憀。
乱和残照纷纷舞，应索阳乌次第饶。

无量。

蒋中正

　　蒋中正（1887—1975年），学名志清，原名瑞元，改名中正，字介石。浙江奉化人。中国近代政治家、军事家，国民党当政时期的党、政、军主要领导人。1908年留学日本并加入同盟会，取得孙中山信任，回国后任黄埔军校校长，后兼任国民革命军第一军军长、总司令、国民党中央常务委员会主席、国民政府主席、国民党总裁、总统。

　　蒋介石书法擅行楷，以柳公权、欧阳询为根基，谨严昂扬，精劲遒健。

释文：

（黄埔校训）

亲爱精诚。

蒋中正。

乱草斜阳觅墓门 从知小世
有顷宽风云上 尽年时气滞庭
难乾袖底痕 何止成名喈陇藉
最惆怅作贼是王敢正天横藏龍
胧餘地下应拾未死魂

渴慕仲坚之生
墓诗 正子

柳亚子

柳亚子（1887—1958年），原名慰高，字安如，更名人权，字亚庐，再更名弃疾，字亚子。江苏吴江黎里镇人。早年参加同盟会、光复会，与陈去疾等组织南社。解放后曾任中央政府委员、全国人大常务委员等职。诗词创作上坚持为革命服务的方向，大量诗篇表现出强烈的爱国情怀和革命激情。著有《柳亚子诗词选》等。

柳亚子书法疏落闲雅，饶有书卷气。

释文：

（《谒廖仲恺先生墓诗》）

乱草斜阳哭墓门，从知人世有烦冤。

风云已尽年时气，涕泪难干袖底痕。

何止成名嗤阮籍，最怜做贼是王敦。

匹夫横议谁能谅，地下应招未死魂。

谒廖仲恺先生墓诗，亚子。

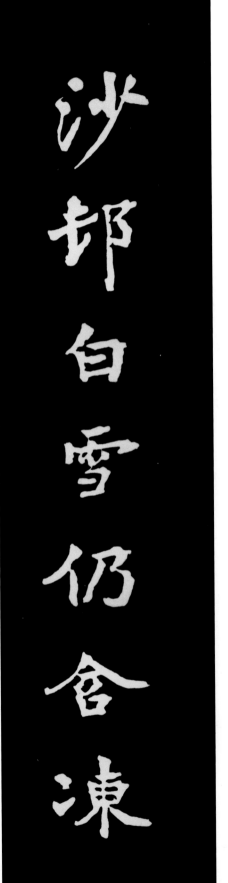

沙邨白雪仍含凍

山縣紅梅已放春

胡小石

胡小石（1888—1962年），名光炜，号倩尹、夏庐，晚号沙公，字小石，以字行。南京人，祖籍浙江嘉兴。国学大师，兼为文字学家、文学家、史学家、书法家。历任南京中央大学、广州中山大学、南京大学教授。有《胡小石文集》行世。

书学李瑞清，由北碑上溯王右军，精劲内敛，兼碑帖之长，篆隶雄拔刚劲，自成面目。后人评胡小石"近得梅庵北派之真髓，兼受农髯南派之薰沐，远绍两周金文之异变，秦权诏版之规范，汉简八分之宽博……虽师从梅庵，但能得其所失，补其所缺，实青出于蓝而胜于蓝。"

释文：

沙邨白雪仍含冻，山县红梅已放春。

沙公。

辽河碑林碑刻选

大海汪洋迎晓日

一九六三年初夏

东风骀宕舞红旌

郭沫若

郭沫若

郭沫若（1892—1978年），原名开贞，号尚武，笔名常用沫若、鼎堂等。四川人。毕业于日本九州帝国大学，现代著名文学家、历史学家、新诗奠基人之一。幼受家塾教育，熟读经史，后赴日本留学。归国后参加新文化运动、北伐战争和抗日救国运动。建国后任政务院副总理、文化教育委员会主任、人大常委会副委员长、中国科学院院长等职。他毕生研究范围涉及社会科学诸多领域，并首先把马克思主义辩证唯物史观引入古文字研究领域，能联系对古代社会的综合认识考释古文字。一生著述颇丰，主要有《中国古代社会研究》、《西周金文辞大系》、新诗集《女神》等。晚年主编大型甲骨文资料汇编《甲骨文合集》。

郭沫若书法远取唐宋，近法明清，行草书豪宕超迈，自成一家。

释文：

大海汪洋迎晓日，东风骀宕舞红旌。

一九六三年初夏，郭沫若。

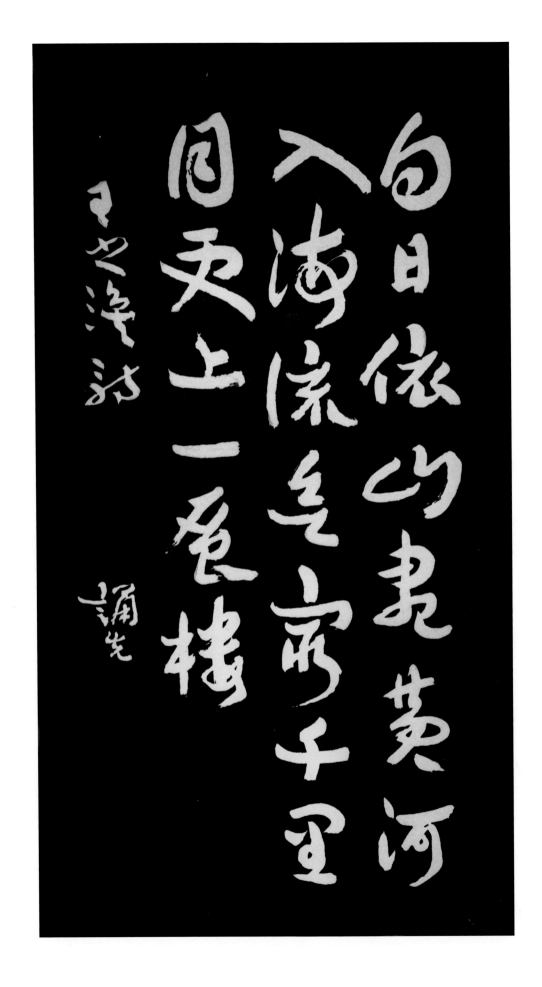

白日依山尽黄河

入海流欲穷千里

目更上一层楼

王之涣诗

诵先

郑诵先

郑诵先（1892—1976年），原名世芬，字诵先，晚年以字行。四川富顺人。生平精研文史，对诗词，散文，骈文均有一定造诣。亦晓画理，尤工书，早学柳，继学苏东坡，而对"二王"用功甚深，他在学书中注意今草与章草的渊源关系，晚年更致力于将汉碑与二《爨》笔致融贯于章草之中，从而写出自己浑厚苍劲的格调。

释文：

白日依山尽，黄河入海流。欲穷千里目，更上一层楼。

王之涣诗，诵先。

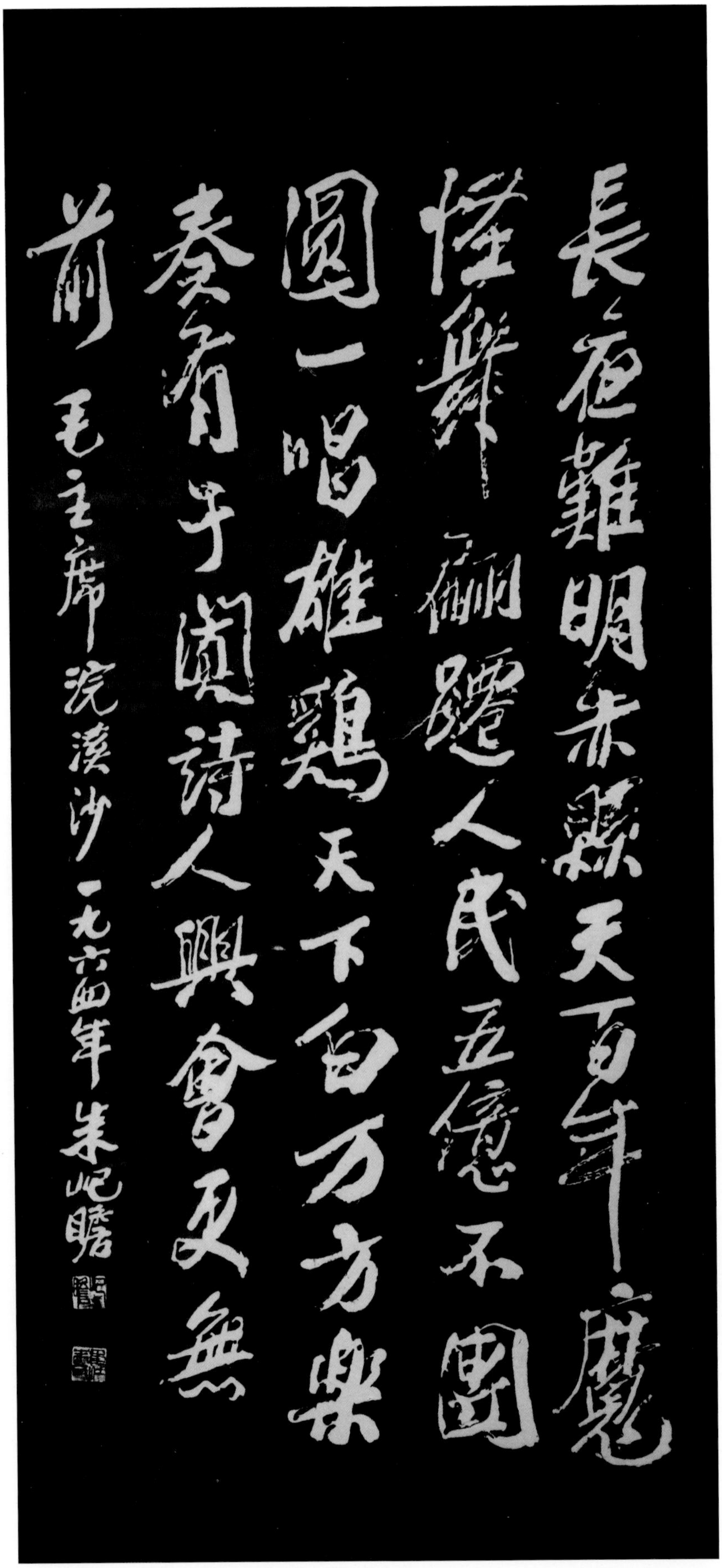

长夜难明赤县天百年魔
怪舞翩跹人民五亿不团
圆一唱雄鸡天下白万方乐
奏有于阗诗人兴会更无
前 毛主席浣溪沙一九六四年 朱屺瞻

朱屺瞻

　　朱屺瞻（1892—1996年），名增钧，号起哉，又号二瞻老民，斋名梅花草堂、癖斯居、养菖蒲室、修竹吾庐等。著名画家，兼修国画和西洋画，曾任上海美术家协会常务理事。朱屺瞻八岁起临摹古画，中年时期两次东渡日本学习油画，20世纪50年代后主攻中国画，擅山水，花卉，尤精兰、竹、石。他的作品融会中西，致力创新，所作笔墨雄劲，气势磅礴，具有鲜明的民族特色和个人风格。1996年4月20日因病逝世，享年105岁，绝笔画为枇杷红柿图。

释文：

长夜难明赤县天，百年魔怪舞翩跹，人民五亿不团圆。
一唱雄鸡天下白，万方乐奏有于阗，诗人兴会更无前。
毛主席《浣溪沙》，一九六四年，朱屺瞻。

长征诗二首

毛泽东

　　毛泽东（1893—1976年），字润之，笔名子任。湖南湘潭人。中国人民的伟大领袖，杰出的马克思主义者，伟大的无产阶级革命家、战略家和理论家，中国共产党、中国人民解放军和中华人民共和国的主要缔造者和领导人，诗人、书法家。

　　《长征》是红军两万五千里战略转移和向抗日战场大进军的光辉写照和热情颂歌。它生动地描写了长征艰险壮阔的场面，深入地刻画了红军不怕困难的心理状态，集中地表现了红军英雄豪迈的气概。《长征》作为一首中国革命的不朽史诗，是革命浪漫主义与革命现实主义结合的杰出典范，是革命乐观主义的不朽之作。

　　纵观全诗，气势磅礴，气魄宏伟，格调高昂，笔力雄健。不仅大处雄浑，节奏强烈，而且小处精细，抑扬顿挫。诗中对仗极为工整，用词极为精当。对张牙舞爪、穷凶极恶的敌人不置一字，视之若无。这种傲视山川的夺人之气，非百战百胜、总揽全局的三军统帅、一代伟人而不能拥有此胸怀，《长征》诗句亦非有此胸怀而不能出此语。这就是毛泽东的艺术风格，这就是毛泽东诗词艺术的魅力所在。

　　毛泽东的书法艺术与其诗词创作水乳交融般地合为一体，充分展现出其政治家的襟怀与军事家的谋略，终以气概、气度胜也。

释文：

红军不怕远征难，万水千山只等闲。五岭逶迤腾细浪，乌蒙磅礴走泥丸。金沙水拍云崖暖，大渡桥横铁索寒。更喜岷山千里雪，三军过后尽开颜。

毛泽东，一九六二年四月二十日。

释文：

钟山风雨起苍黄，百万雄师过大江。虎踞龙盘今胜昔，天翻地覆慨而慷。宜将剩勇追穷寇，不可沽名学霸王。天若有情天亦老，人间正道是沧桑。

涧道餘寒歷氷雪

枕青先生

浪花無際似瀟湘

吳湖帆

吴湖帆

　　吴湖帆（1894—1968年），初名冀燕，后更名万，名倩，字湖帆，以字行，斋号梅景书屋。江苏苏州人。吴大澂之孙。幼承家学，富收藏，精鉴赏，擅书画。其山水师法宋人，法度严谨，设色清润秀妍。书法长于行草书，融晋、唐、宋、元诸家之长，雄健潇洒。解放后任上海中国画院画师，中国美术家协会上海分会副主席。著有《梅景书屋杂记》。

释文：

涧道余寒历冰雪，浪花无际似潇湘。

槐青先生，吴湖帆。

萬物並育而不相害道並行而不相悖小德川流大德敦化

節中庸壬午初秋

悲鴻

徐悲鸿

　　徐悲鸿（1895—1953年），江苏宜兴人。中国现代著名画家、美术教育家。曾留学法国学西画，归国后长期从事美术教育，先后任教于国立中央大学艺术系、北平大学艺术学院和北平艺专。解放后任中央美术学院院长。擅长人物、走兽、花鸟，主张现实主义，于传统尤推崇任伯年，强调国画改革融入西画技法，作画主张光线、造型，讲求对象的解剖结构、骨骼的准确把握，并强调作品的思想内涵，对当时中国画坛影响甚大。所作国画彩墨浑成，尤以奔马享名于世。

　　徐悲鸿书法初学康有为，喜北碑造像一系，萧散而朴茂，婀娜而刚劲，韵度高远，自成面目。

释文：

万物并育而不相害，道并行而不相悖，小德川流，大德敦化。

节《中庸》，壬午初秋，悲鸿。

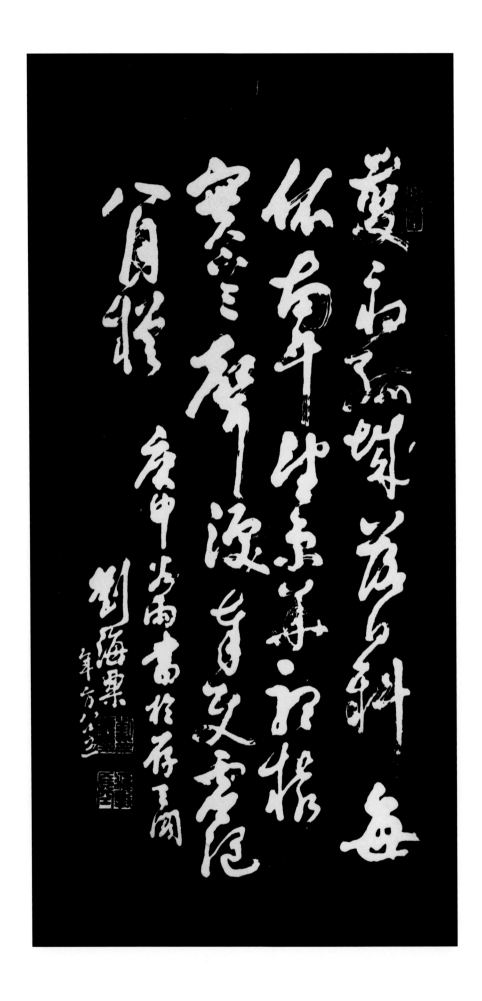

刘海粟

刘海粟（1896—1994年），名盘，字季芳，号海翁。祖籍中国安徽省凤阳，出生于中国江苏省常州市。中国杰出的绘画艺术大师、美术教育家、美术史家，擅长油画和中国画。民国元年（1911年）为上海美术专门学校校长。历任南京艺术学院院长、名誉院长、教授，上海美术家协会名誉主席，中国美术家协会顾问，全国政协常务委员会委员。出版有《刘海粟画集》、《刘海粟油画选集》、《刘海粟国画》、《学画真诠》等。

刘海粟虽不以书名，但书法造诣很深，兼擅金文、石鼓、行草。此幅行草书气息酣畅，古朴自然。

释文：

（杜甫《秋兴八首》之秋兴其二）

夔府孤城落日斜，每依南斗望京华。
听猿实下三声泪，奉使虚随八月槎。

庚申谷雨书于存天阁。刘海粟年方八十五。

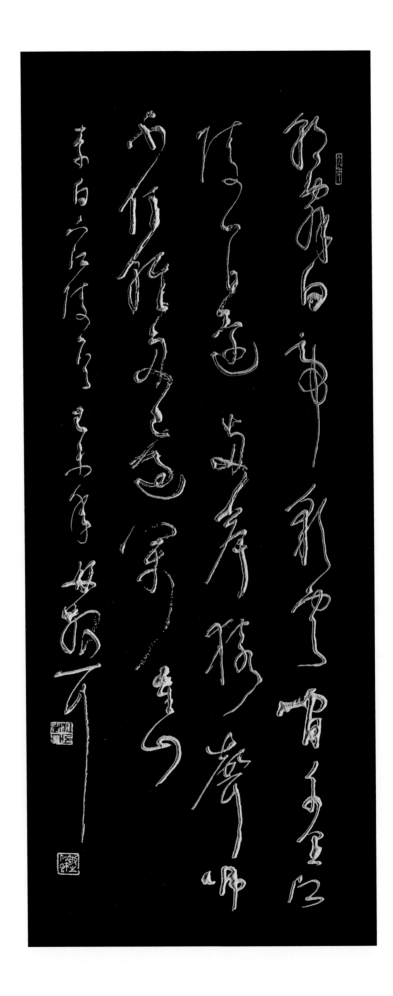

林散之

　　林散之（1898—1989年），原名林霖，又名以霖，字散之，号三痴、左耳、江上老人等，以字行。祖籍安徽和县乌江镇，生于江苏江浦县（今属南京市浦口区）。幼年即开始学画，1930年投入黄宾虹门下，书画大器晚成。数十年寒灯苦学，滋养了其书之气、韵、意、趣，终达超凡境界。他对现代中国书法艺术事业做出了杰出贡献。

　　20世纪60年代初曾任江浦县副县长等职。1963年迁居南京，被聘为江苏省国画院专职画师。后为江苏省国画院一级美术师、江苏省书法家协会名誉主席。1972年中日书法交流选拔时一举成名，赵朴初、启功等称其诗、书、画"当代三绝"。以草书饮誉当代，被称为"草圣"。代表作有草书《中日友谊诗》、草书《许瑶诗论怀素草书》等。

　　林散之以画之笔墨融入草书，瘦劲飘逸中寓遒健雄浑，达到妙造自然的极高境界。

释文：

朝辞白帝彩云间，千里江陵一日还。
两岸猿声啼不住，轻舟已过万重山。

李白下江陵一首。己未年，林散耳。

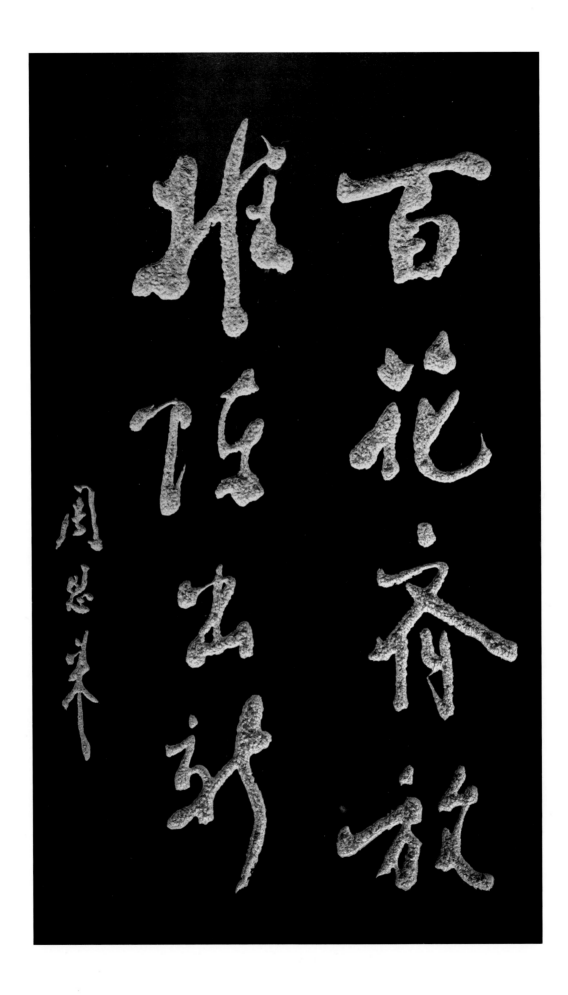

百花齐放
推陈出新
周恩来

周恩来

　　周恩来（1898—1976年），字翔宇，曾用名伍豪等。原籍浙江绍兴，生于江苏淮安。伟大的马克思列宁主义者，中国无产阶级革命家、政治家、军事家、外交家，中国共产党和中华人民共和国的主要领导人，中国人民解放军主要创建人和领导人。

　　周恩来同志不仅是一位伟大的无产阶级革命家、政治家、军事家、外交家，也是一位具有独特风格的书法家。他的书法早期刚俊挺健，秀外慧中；中期藏而不露，浑朴凝重；晚年敛放自如，雄俊伟茂，神完气足。

释文：

百花齐放，推陈出新。

周恩来。

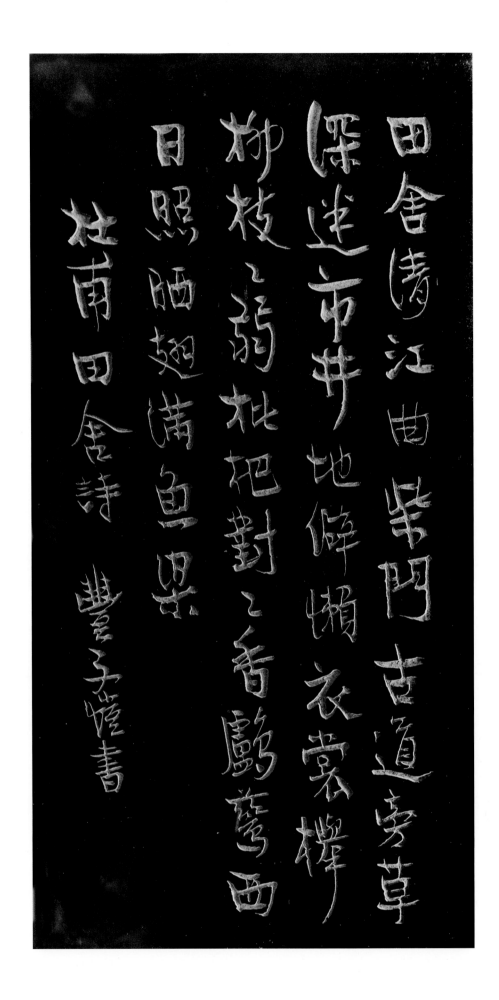

田舍清江曲　柴門古道旁　草
深迷市井　地僻懶衣裳　櫸
柳枝枝弱　枇杷對對香　鸕鷀西
日照　晒翅滿漁梁

杜甫田舍詩　豐子愷書

丰子恺

丰子恺（1898—1975年），原名丰润，又名丰仁，文名婴行。浙江省嘉兴市桐乡市石门镇人。中国现代画家、散文家、美术和音乐教育家、翻译家，是一位多方面卓有成就的文艺大师，以中西融合画法创作漫画及散文而著名。曾任中国美术家协会常务理事、上海分会主席，上海中国画院院长，上海对外文化协会副会长等职。著有《现代艺术纲要》、《缘缘堂随笔》、《艺术概论》、《子恺漫画》等。

书法自北碑入，碑帖融会，拙朴纯厚，自成一格。

释文：

（杜甫《田舍》）

田舍清江曲，柴门古道旁。草深迷市井，地僻懒衣裳。
榉柳枝枝弱，枇杷对对香。鸬鹚西日照，晒翅满鱼梁。

杜甫田舍诗，丰子恺书。

邓散木

邓散木（1898—1963年），原名菊初，又名钝铁，字散木，以字行。别号有粪翁、一足、夔等，斋名厕简楼，自号厕简子。生于上海。中国现代书法家、篆刻家。篆刻师赵古泥，自成一家，有"北齐（白石）南邓"之誉。书法工四体，师萧退庵，取法欧阳询、二王、赵孟頫等。晚年工狂草，得旭、素之长。

释文：

将归邺下刘公幹，复忆襄阳孟浩然。

粪翁

雨中百草秋爛死　階下決明顔

色鮮　著葉滿枝翠羽盖　開花無

數黄金錢　凉風蕭蕭吹汝急　恐

汝后時難獨立　堂上書生空白

頭　臨風三嗅馨香泣

杜甫秋雨歎三首之一

一九九三年九月老舍公於北京

老舍

老舍（1899—1966年），原名舒庆春，字舍予，笔名老舍、絜青、絜予等。北京满族正红旗人。中国现代著名作家，杰出的语言大师。曾任小学校长、中学教员、大学教授。代表作有《骆驼祥子》、《四世同堂》、剧本《茶馆》等。

老舍的书法擅楷书，有北碑气息，中正谨严，浑朴蕴藉。

释文：

雨中百草秋烂死，阶下决明颜色鲜。

著叶满枝翠羽盖，开花无数黄金钱。

凉风萧萧吹汝急，恐汝后时难独立。

堂上书生空白头，临风三嗅馨香泣。

杜甫《秋雨叹》三首之一，一九三六年九月老舍于北京。

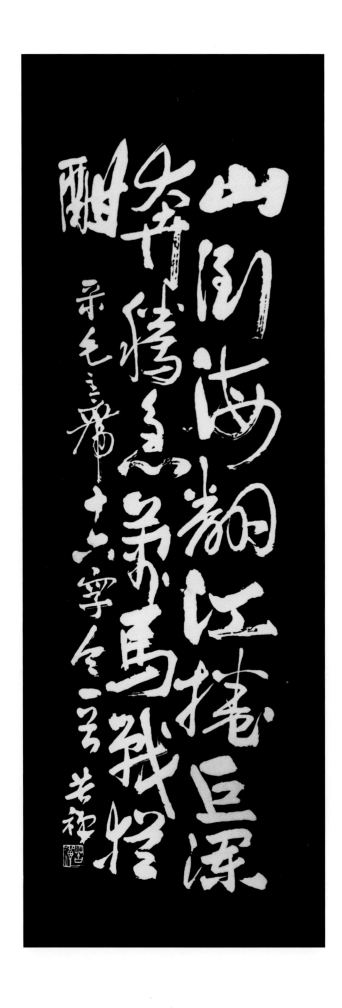

李苦禅

李苦禅（1899—1983年），原名李英杰，改名英，字励公，后以艺名"苦禅"行世。山东高唐人。中国现代著名大写意花鸟画家、书法家、美术教育家。1923年拜齐白石为师。曾任杭州艺专教授、中央美术学院教授、中国美术家协会理事、中国画研究院院务委员。擅画花鸟和鹰，晚年常作巨幅通屏，代表作有《盛荷》、《群鹰图》、《松鹰图》、《兰竹》、《晴雪图》、《水禽图》等。

李苦禅的书法与画互为表里，相得益彰，推崇"书至画为高度，画至书为极则"，在中国"画家字"群体中独树一帜。富有章草意味的行草书古朴浑厚，纵逸豪放，雄健磅礴。

释文：

山，倒海翻江卷巨澜，奔腾急，万马战犹酣。

录毛主席《十六字令》一首，苦禅。

襄陽延恩畫天馬

諸葛餘才創木牛

甲寅月張海

张大千

张大千（1899—1983年），原名正权，后更名张爰，又名张季、季爰，别号大千居士，斋号大风堂。四川内江人。享誉世界的国画家，20世纪中国画坛最具传奇色彩的人物。绘画、书法、篆刻、诗词无所不通。早期研习古人书画，后旅居海外，在山水画方面卓有成就。画风工写结合，晚期重彩、水墨融为一体，开创了泼墨泼彩的新风格。20世纪30年代曾两度执教于南京大学（时称中央大学），担任艺术系教授。他在亚、欧、美举办了大量画展，蜚声国际，被誉为"当今最负盛名之国画大师"。

书法上拜曾熙、李瑞清为师，取法《瘗鹤铭》、《石门铭》等摩崖碑刻一系，开张纵逸，有金石气。

释文：

襄阳逸思书天马，诸葛余才创木牛。

甲申十月张爰。

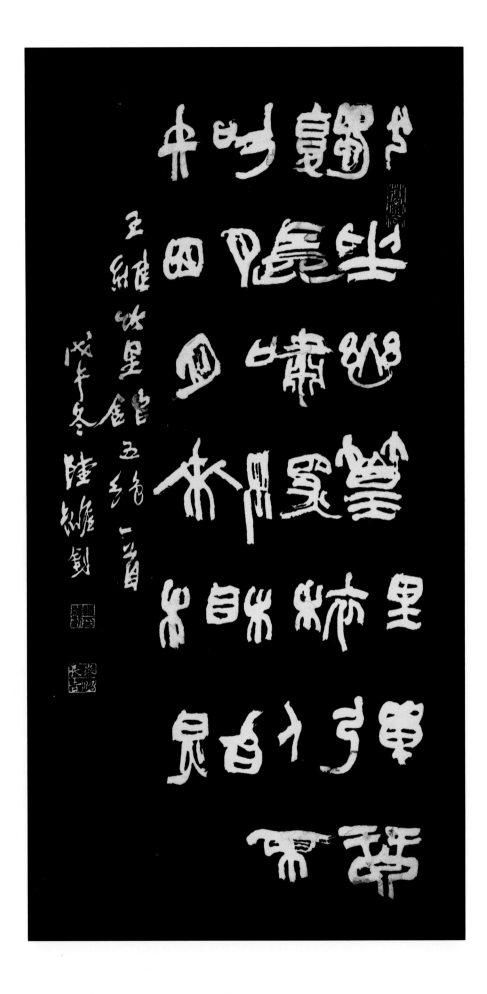

陆维钊

陆维钊（1899—1980年），原名子平，字微昭，晚年自署劭翁。浙江平湖人。精书法，擅治印，工山水、花卉。南京高等师范文史地部毕业，曾在圣约翰大学、浙江大学、浙江师院、杭州大学任教。历任浙江省政协第三、四届委员，中国美术家协会浙江分会理事。是我国现代高等书法教育的先驱者之一。

陆维钊晚年书法熔篆、隶、草于一炉，圆熟而精湛，凝练而流动，所创非篆非隶、亦篆亦隶之新体——现代"螺扁"，在书坛独树一帜，蜚声海内外。

释文：

独坐幽篁里，弹琴复长啸。
深林人不知，明月来相照。

王维《竹里馆五绝》一首。戊午冬，陆维钊。

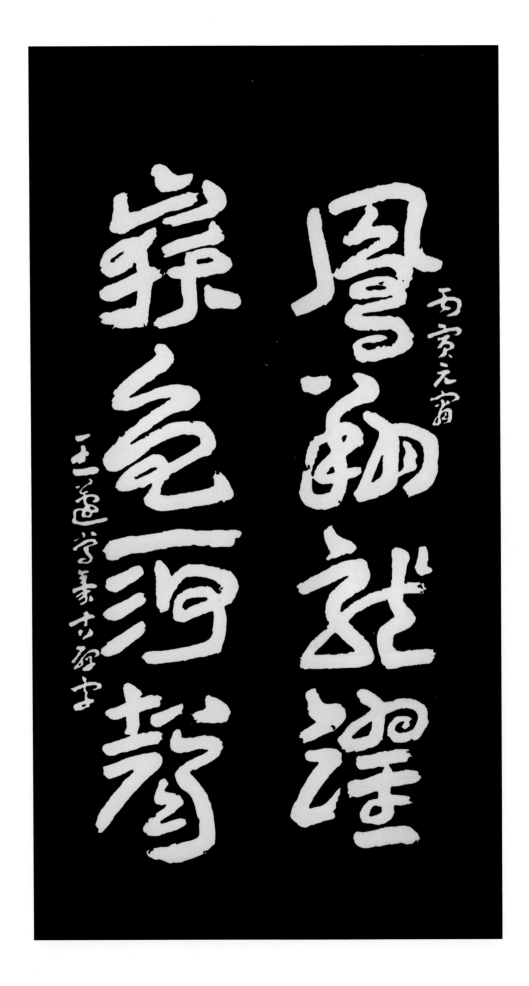

王蘧常

　　王蘧常（1900—1989年），字瑗仲，别号明两、涤如、欣欣老人等，斋名窈窕楼、仰韶楼、珠明楼等。原籍浙江嘉兴，生于天津。中国当代著名哲学史家、历史学家、书法家。其父王钧畇为清光绪十五年（1889年）举人，工书法、博学。蘧常幼年受父影响，七岁时能作诗。早年从师沈曾植治学。1920年入无锡国学专修馆。1927年去上海，先后执教于光华、大夏、复旦、交通等大学。1952年以后任复旦大学哲学系、中文系教授，中国楹联学会顾问。在史学、哲学、诗文、书法等方面均有极深造诣。晚年肆志章草，七十岁后别树一帜。著有《梁启超诗文选注》、《秦史稿》、《章草十家传》等。

释文：

凤翔龙跃，岳色河声。

丙寅元宵，王蘧常录古碑字。

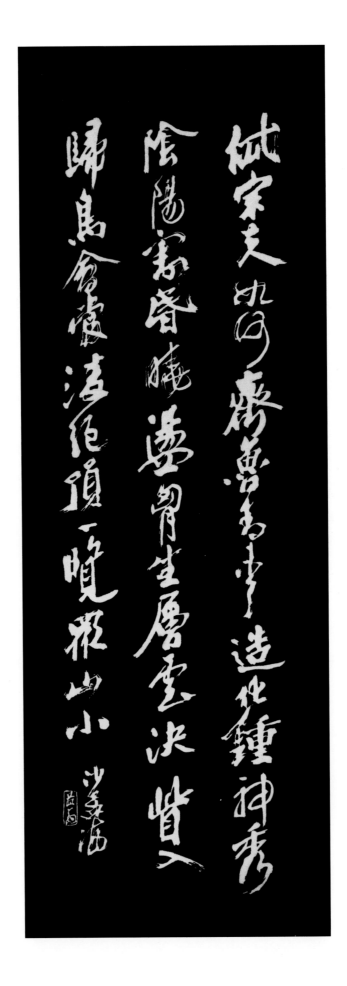

沙孟海

沙孟海（1900—1992年），原名文瀚，后改名文若，字孟海，别号僧孚、石荒、沙邨、兰沙、决明，中年后以字行。浙江鄞县沙村人。著名金石学家、考古学家、文史学家和艺术教育家。尤其在书学、印学两大领域，于创作与研究均取得非凡成就。擅行草与榜书，气势磅礴，博大雄深。历任浙江省文物管理委员会常务委员、浙江省博物馆名誉馆长、中国书法家协会副主席、浙江省书法家协会主席、西泠印社社长、西泠书画院院长、浙江考古学会名誉会长等职。著有《沙孟海论书丛稿》、《印学史》、《兰沙馆印式》等。

释文：

（杜甫《望岳》）

岱宗夫如何？　齐鲁青未了。
造化钟神秀，　阴阳割昏晓。
荡胸生层云，　决眦入归鸟。
会当凌绝顶，　一览众山小。

沙孟海。

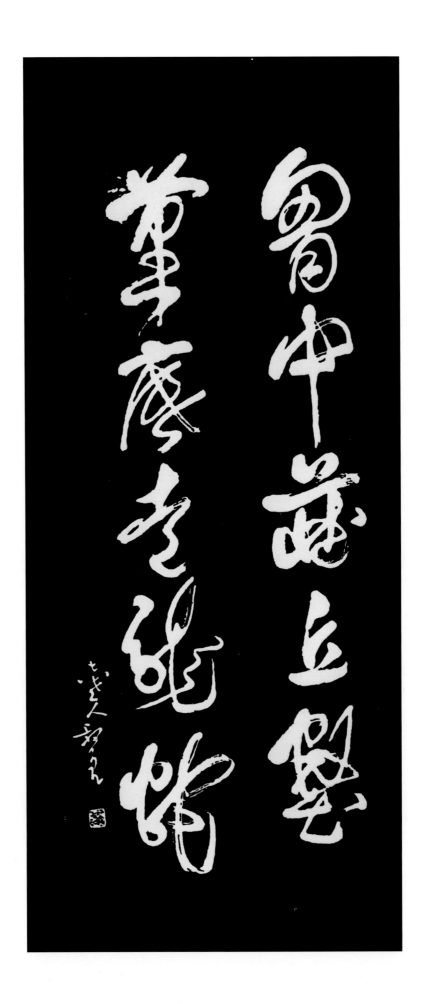

陈叔亮

陈叔亮（1901—1991年），名寿颐。浙江黄岩人。著名工艺美术教育家、书画家。擅长中国画、版画、书法。20世纪30年代毕业于上海美术专科学校，曾任中、小学教员。"七七"事变后，带领爱国青年赴延安。1938年赴延安鲁迅艺术学院任教，曾参加延安文艺座谈会。1946年任山东《海滨画报》社长。解放后历任华东文化部艺术处副处长、文化部艺术局美术处处长、艺术教育司副司长、中央工艺美术学院副院长、院长等职。中国美术家协会第一、二、三、四届理事。1981年5月任中国书法家协会首届副主席，主持日常工作。

陈叔亮的书法擅长行草书，苍老劲健，气势宏大。

释文：

胸中藏丘壑，笔底走龙蛇。

七八老人叔亮。

古者庖羲氏之王天下也仰则观象于天俯则观法于地观鸟兽之文与地之宜近取诸身远取诸物

一九八三年孟夏三月 絜斋甫冰祚于羊城

商承祚

商承祚（1902—1991年），字锡永，号驽刚、蠖公、契斋。广东番禺人。古文字学家、考古学家、金石篆刻家、书法家。出身书香仕宦之家，早年从罗振玉研习甲骨文、金文。曾任中山大学教授，中国书法家协会理事。有《殷虚文字类编》、《商承祚篆隶册》行世。

张桂光云："商老习篆取途《峄山》，上溯商周，下及两汉，其作甲骨，超逸秀劲；其作金文，华贵雍容；其作小篆，柔和娴雅，要皆结体精严，行笔干练，体态自然。晚年钟情秦隶，创造出既浑穆雄奇而又婉通流畅、意趣盎然的一体风格，在隶书领域里独树一帜。题识所用行楷，遒劲凝练、秀颖醇雅，别具姿态。"

释文：

以古为鉴见成效，以铜为鉴知美丑，以人为鉴知善恶。

一九八三年孟夏之月，契斋商承祚于羊城。

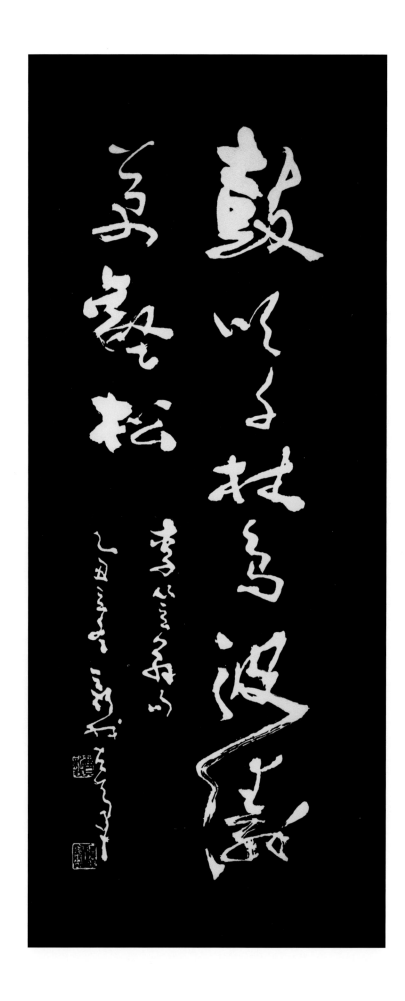

费新我

　　费新我（1903—1992年），学名斯恩，字省吾，30岁前改用新我，笔名立千，号立斋。浙江湖州人。现代著名书画家、杰出的左笔书法家。早年习西画，后从事国画及美术技法教材的编绘工作。曾任中国书法家协会理事、中国书法家协会江苏分会顾问。书法从晋唐入手，上溯汉魏，帖碑交学互补。所作隶书古拙朴茂，楷书醇厚蕴集。晚年作书更具节奏感，抑扬顿挫，干湿自然，形成了独特的个人风格。真草隶篆俱能，尤以行草见长，融诸体于一身，熔诸艺于一炉，参以画意，别具章法，有强烈的音乐节奏感，表现出千姿百态、巧拙互用、跌宕有致、纵横捭阖的个性特点，超大巨幅尤有雄强气势和时代精神。

释文：

鼓吹千林鸟，波涛万壑松。

李笠翁句。乙丑立冬新我左笔。

江山重複争供眼

壬寅六月九日僑晚景風雨大作因憶陸放翁句書以寄卉

風雨縱橫亂入樓

以卓沈延毅

沈延毅

沈延毅（1903—1992年），字公卓，又作攻�，号述菊，晚号天行健斋主。1903年12月21日出生于辽宁省盖平县（现盖州市）城东土台村。早年就学于民国大学、北京大学，毕业后到吉林道尹公署任职，后任东北生产管理局秘书处处长。解放后，历任辽宁省博物馆研究员，沈阳市文史馆馆长，辽宁省政协常委，沈阳市政协常委，中国书法家协会名誉理事，辽宁省书法家协会主席、名誉主席，中华诗词学会顾问等职。

沈延毅书法将北碑楷体与南帖行书融为一炉，以骨力洞达、气韵超迈的魏体行书独步当代。

释文：

（宋陆游《南定楼遇急雨》）

江山重复争供眼，风雨纵横乱入楼。

壬寅六月九日傍晚暴风雨大作，因忆陆放翁句，书以寄兴。公卓沈延毅。

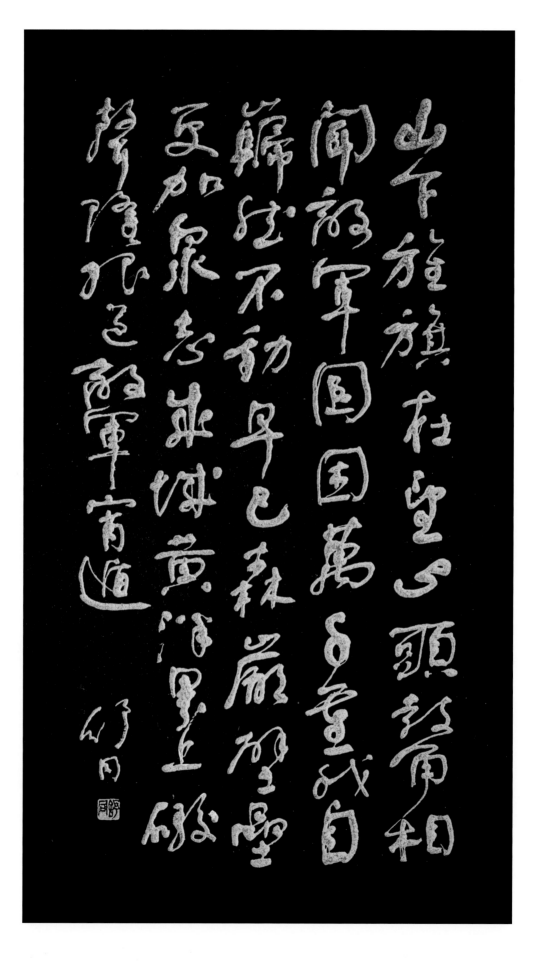

舒同

舒同（1905—1998年），字文藻，又名宜禄。江西省东乡县人。曾任中共山东省委第一书记兼济南军区第一政委（上将）、中国书法家协会第一任主席、中共中央顾问委员会委员等职。战争年代被毛泽东誉为"党内一枝笔，红军书法家"。是当代自成一体的著名书法家。

他的书法宽博端庄，圆劲婉通，老辣厚重，世称"舒体"。

释文：

（毛泽东《西江月·井冈山》）

山下旌旗在望，山头鼓角相闻。敌军围困万千重，我自岿然不动。早已森严壁垒，更加众志成城。黄洋界上炮声隆，报道敌军宵遁。

舒同。

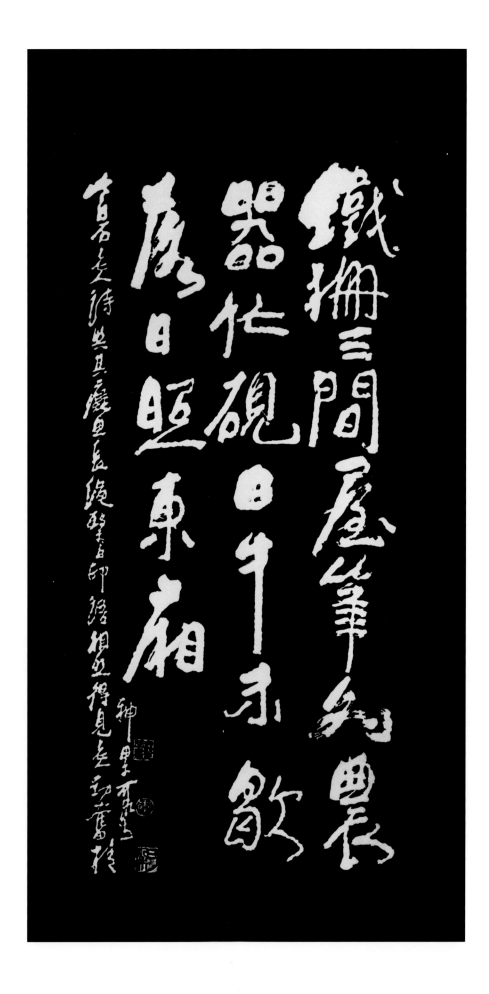

李可染

　　李可染（1907—1989年），江苏徐州人。中国近现代杰出的画家、诗人，齐白石的弟子。自幼喜绘画，13岁时学画山水。43岁任中央美术学院教授，49岁为变革山水画，行程数万里旅行写生。72岁任中国美术家协会副主席、中国画研究院院长。晚年用笔趋于老辣。擅长山水、人物，尤其擅长画牛。代表作有《漓江胜境图》、《万山红遍》、《井冈山》等。出版画集有《李可染水墨写生画集》、《李可染中国画集》、《李可染画牛》等。

　　李可染书法早年喜王羲之、赵孟頫等帖学一脉，后将颜真卿、魏碑、汉隶等融为一炉，自创了一种采众家之长的"酱当体"（李可染自戏名之，以此警示自己去"流滑"之病），属于画家群中的"画家字"，沉实厚重中见诗情画意。

释文：

（齐白石85岁生日所写之绝句）

铁栅三间屋，笔如农器忙。
砚田牛未歇，落日照东厢。

此白石老人诗与其"痴思长绳系日"印语想照，得见老人勤奋精神。甲子，可染。

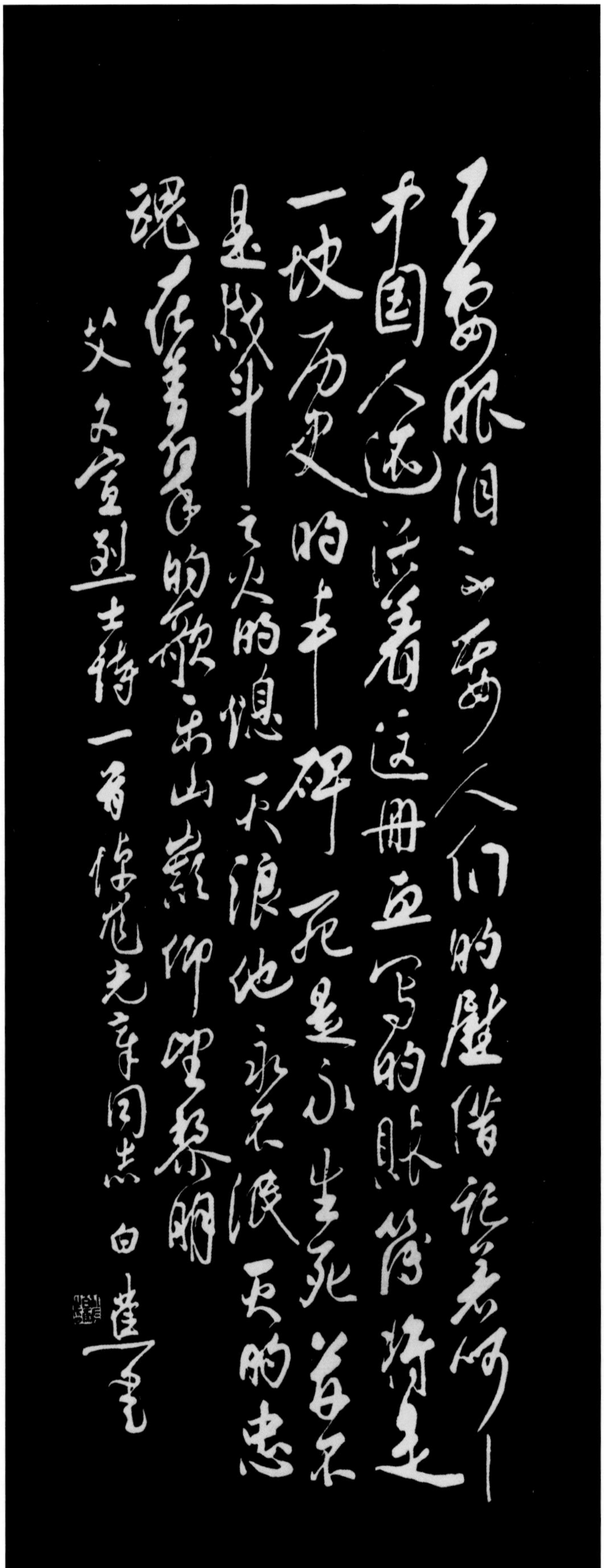

白蕉

白蕉（1907—1969年），本姓何，名法治，字远香，号旭如。后改名换姓为白蕉，别署云间居士、济庐复生、复翁、仇纸恩墨废寝忘食人等。上海金山县张堰镇人。出身于书香门第，才情横溢，为海上才子，诗、书、画、印皆允称一代。曾任上海中国画院筹委会委员兼秘书室副主任、中国美术家协会上海分会会员、上海中国书法篆刻研究会会员、上海中国画院书画师。

白蕉行书法"二王"一路，功底醇厚，格调高雅，深得"二王"精髓。

释文：

不要眼泪，

不要人们的慰借。

记着呵——

中国人还活着，

这册血写的账簿，

将是一块历史的丰碑！

死，是永生，

死，并不是战斗之火的熄灭。

让他永不泯灭的忠魂，

在青翠的歌乐山巅，

仰望黎明！

艾文宣烈士诗一首《悼龙光章同志》。白蕉书。

哭罢江山泪洞流 亡国惨祸已临头
恨尔民贼甘得意 卖民匪类纯不羞
吾我片土可习世 杀敌一毛无千秋
男儿一副好身手 拼将热血洒神州

紫泉李贯慈烈士哭辽车一首 郭味蕖

郭味蕖

郭味蕖（1908—1971年），原名忻，后改慰劬、味蘧、味蕖，曾用别号汾阳王孙、浮翁，晚号散翁，堂号知鱼堂、二湘堂、疏园等。山东潍县人。著名国画家、美术教育家。出身于书香世家，自幼随家乡画家丁东齐、刘秩东习画。1929年考入上海美术专科学校习西画，毕业后曾任山东省立第一乡村师范学校教师。1937年入北京故宫博物院古物陈列所研习中国画，得黄宾虹指导。擅花鸟兼及山水，所作融会诸家，以工带写，画风清丽活泼，生动自然。1951年受徐悲鸿之聘任职于中央美术学院研究部，后相继在民族美术研究所、徐悲鸿纪念馆从事理论研究。1960年任中央美院中国画讲师。1962年任中央美术学院国画系花鸟科主任。中国美术家协会会员。著有《宋元明清书画家年表》、《知鱼堂书画录》、《知鱼堂鉴古录》、《中国版画史略》、《写意花鸟画创作技法十六讲》等。

郭味蕖书法碑帖交融，规矩、厚重中见流畅气息。

释文：

哭罢江山无泪流，　亡国惨祸已临头。

恨尔民贼方得意，　哀此匹夫能不羞。

复我片土可百世，　杀敌一毛足千秋。

男儿一副好身手，　拚将热血洒神州。

敬录李贯慈烈士哭辽东一首。郭味蕖。

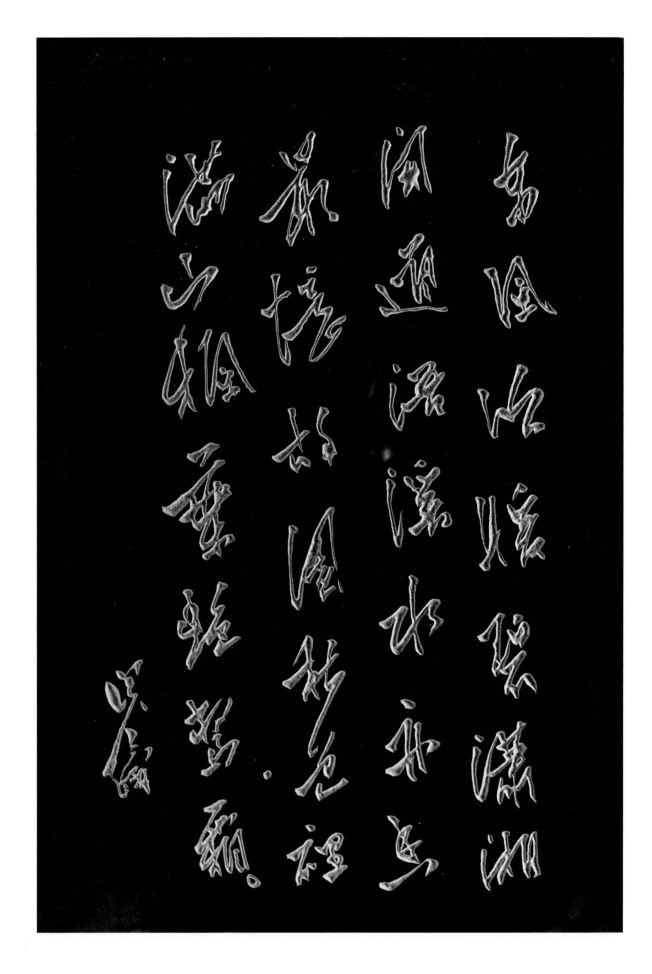

陶铸

　　陶铸（1908—1969年），又名陶际华，号剑寒，化名陶磊。湖南祁阳人。无产阶级革命家，党和国家的卓越领导人。1926年考入广州黄埔军校，同年加入中国共产党。曾任鄂豫挺进支队政委、东北野战军政治部副主任。解放后历任中共广东省委第一书记、中共中央中南局第一书记、国务院副总理、中央宣传部部长等职。"文革"初期遭迫害，1969年含冤病逝。1978年12月，中共十一届三中全会为陶铸平反。

　　陶铸的行草书略取侧势，爽利洒脱中见风骨，似其为人。

释文：

（自作诗《东风》）

东风吹暖碧潇湘，闻道浯溪水亦香。
最忆故园秋色里，满山枫叶艳惊霜。

陶铸。

陆俨少

陆俨少（1909—1993年），又名砥，字宛若。上海嘉定人。近现代著名书画家。1956年任上海中国画院画师，1962年起兼课于浙江美术学院，1980年在该院正式执教，并任浙江画院院长。擅山水，尤善于发挥用笔效能，以笔尖、笔肚、笔根等的不同运用来表现自然山川的不同变化。线条疏秀流畅，刚柔相济。云水为其绝诣，有雄秀跌宕气概。勾云勾水，烟波浩淼，云蒸雾霭，变化无穷，并创大块留白、墨块之法。兼作人物、花卉，书法亦独创一格。

陆俨少云："我初学魏碑，继写汉碑，后来写《兰亭》。最后学杨凝式，旁参苏、米，以畅其气。"他学古能化，由趣而致韵，由势而气盛，跌宕灵和，矩矱自持。

释文：

（毛主席词《减字木兰花·广昌路上》）

漫天皆白，

雪里行军情更迫。

头上高山，

风卷红旗过大关。

此行何处？

赣江风雪迷漫处。

命令昨颁，

十万工农下吉安。

毛主席词，陆俨少书。

唐云

　　唐云（1910—1993年），字侠尘，别号药城、药尘、药翁、老药、大石、大石翁。浙江杭州人。著名画家，擅长花鸟、山水、人物，工诗文，精鉴赏。曾担任中国美术家协会理事，中国美术家协会上海分会副主席，中国画研究院院务委员，上海中国画院副院长、代院长、名誉院长等职。

　　唐云性情豪爽，志趣高远，书法爽利洒脱，极富个人情趣。

释文：

（毛主席词《菩萨蛮·黄鹤楼》）

茫茫九派流中国，沉沉一线穿南北。烟雨莽苍苍，龟蛇锁大江。黄鹤知何去？剩有游人处。把酒酹滔滔，心潮逐浪高。

毛主席词。杭州唐云书。

大雨落幽燕　白浪滔天　秦皇岛外打鱼船　一片汪洋都不见　知向谁边　往事越千年　魏武挥鞭　东临碣石有遗篇　萧瑟秋风今又是　换了人间

毛主席词　浪淘沙　北戴河　　王堂聘

王堃骋

王堃骋（1912—1993年），山东省禹山县人。1918年随父亲逃荒到东北，最后落脚到吉林省辑安县大王镇下羊鱼关村。曾用名王江风。历任中国书法家协会名誉理事、辽宁分会名誉主席等职。

王堃骋书法喜楷体，更擅行书，稳重中见纵逸。

释文：

大雨落幽燕，白浪滔天，秦（皇）岛外打鱼船。一片汪洋都不见，知向谁边？往事越千年，魏武挥鞭，东临碣石有遗篇。萧瑟秋风今又是，换了人间。

毛泽东词《浪淘沙·北戴河》，王堃骋。

腾口大火气无口火霸口火

再牙时𣲘诗口大画口大来

牙时此画先亚罢试读人觉

従我话非废话

花八大山人画自识

一九九六年六月启功

启功

启功（1912—2005年），字元白，也作元伯，满族，爱新觉罗氏，是清世宗的第五子和亲王弘昼的第八代孙，北京人。中国当代著名教育家、国学大师、古典文献学家、书画家、文物鉴定家、诗人。幼年失怙且家境中落，自北京汇文中学辍学后，发愤自学。稍长，从贾羲民、吴镜汀习书法丹青，从戴姜福修古典文学。刻苦钻研，终至学业有成。1933年经傅增湘先生推介，受业于陈垣，涉足学术流变与考证之学。后聘为辅仁中学国文教员，1935年任辅仁大学美术系助教，1938年后任辅仁大学国文系讲师，兼任故宫博物院专门委员，从事故宫文献馆审稿及文物鉴定工作，1949年任辅仁大学国文系副教授兼北京大学博物馆系副教授。1952年后任北京师范大学副教授、教授，中国人民政治协商会议全国委员会常务委员，国家文物鉴定委员会主任委员，中央文史研究馆馆长、博士研究生导师，九三学社顾问，中国书法家协会主席、名誉主席，中国佛教协会、故宫博物院、国家博物馆顾问，西泠印社社长。2005年6月30日2时25分病逝于北京。其主要著作有《古代字体论稿》、《诗文声律论稿》、《启功丛稿》、《启功韵语》、《启功絮语》、《启功赘语》、《汉语现象论丛》、《论书绝句》、《论书札记》、《说八股》、《启功书画留影册》。启功通晓语言文字、古书画鉴定之学，其中尤精碑帖研究。在碑帖学上，启功开拓了新的研究方法，尝作诗论曰："买椟还珠事不同，拓碑多半为书工。滔滔骈散终何用，几见藏家诵一通。"一改以往名家学者，如叶昌炽、翁方纲等研究历代碑帖只重形式，不重内容，只知书法，而略其辞章之习。

释文：

胆无八大大，气无八大霸，八大再来时，还请八大画。八大未来时，此画先作罢。试读人觉经，我话非废话。

《论八大山人画》自题。一九八六年八月，启功。

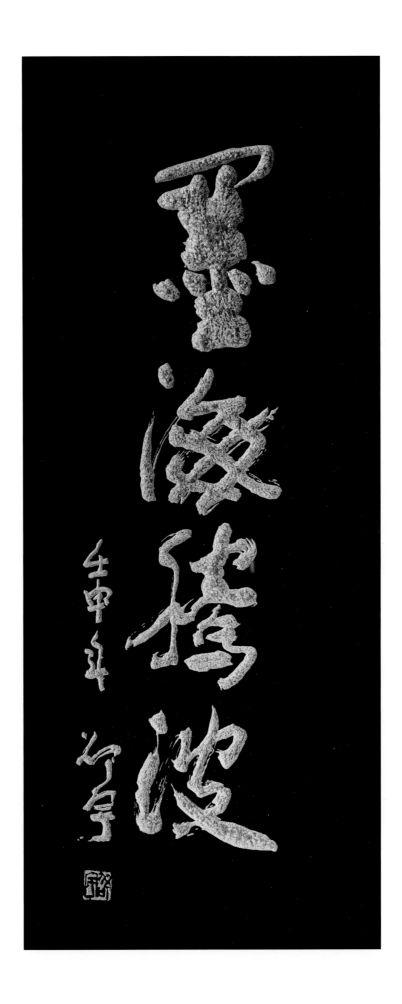

邵宇

　　邵宇（1919－1992年），原名邵进德、邵蔚。辽宁丹东人。现代著名画家，擅长速写、水彩画。1934年曾在沈阳美专、北京美专学习。1936年参加民族解放先锋队，1939年参加新四军。历任苏中《江海报》总编辑、《苏中报》主编、苏中新华社副社长等。1945年后到东北工作，曾任《东北日报》通讯采访部部长。1950年调北京工作，历任《人民日报》美术组组长、《人民画报》总编辑、人民美术出版社社长兼总编辑等。曾任《中国美术全集》编辑出版委员会主任、人民美术出版社编审委员会主任。中国美术家协会常务理事，中国出版工作者协会理事，中国国际出版公司副董事长，文化部艺术委员会委员。曾当选第三届全国人大代表，第五、六、七届全国政协委员。出版有连环画《土地》，组画《千山万水》、《上饶集中营》，《首都速写》、《朝鲜战场速写》，画册《邵宇作品选集》等。曾任第三届中国书法家协会主席。

　　邵宇书法擅行草，碑帖交融，厚笔重墨，老辣苍劲。

释文：

墨海腾波。

壬申年，邵宇。

沈鹏

　　沈鹏（1931年—）。江苏江阴人。幼习诗、书、画。大学攻读文学，后转攻新闻。现任中国书法家协会名誉主席、全国政协委员、中国文联荣誉委员、中国美术出版总社编审、艺委会顾问等。书法精行草，兼长隶、楷等多种书体。出版《当代书法家精品集·沈鹏卷》、《沈鹏书法作品精选》等。发表论文、散文近百万字。论文《传统与"一画"》获第四届中国文联文艺评论奖一等奖，主编的《中国美术全集·书法篆刻编四宋金元书法》获中国图书奖荣誉奖。发表诗词约500首。出版有《三余吟草》、《三余续吟》、《三余诗词选》等，主编或责编的书刊500种以上。

　　沈鹏此联出自唐代杜甫五言律诗《春宿左省》。总体上虽为隶书，但铺垫其下的行草、魏碑乃至篆书已与隶面融合，并达到高度的协调统一，通篇在古朴自然中展现出其一贯主张的"诗性地书写"。

释文：

星临万户动，月傍九霄多。

戊寅中秋，触景情生，沈鹏。

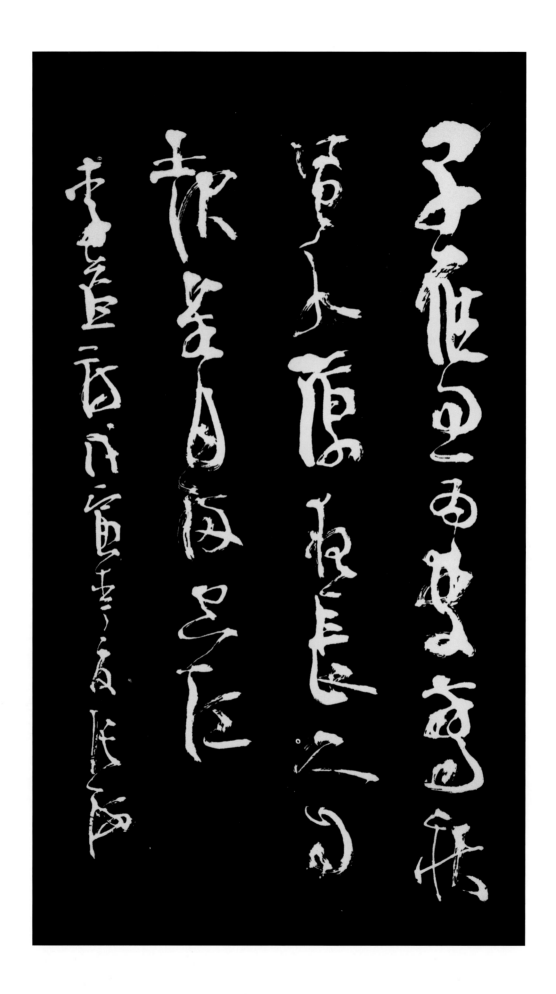

张海

　　张海（1941年—）。河南偃师人。中国当代著名书法家。现任中国书法家协会名誉主席、郑州大学美术学院院长、全国政协常委，国务院批准有突出贡献的专家。曾任第八、九、十届全国人大代表，河南省文联主席，河南省书法家协会主席，中国书法家协会主席，艺术品中国资深顾问，河南省书画院院长等。

　　张海书法以隶书为根底，后肆力于行草书。隶味、简意融入挥洒自如的行草书中，别有一番境界。

释文：

早雁忽为双，惊秋风水窗。夜长人自起，星月满空江。

李益诗。戊寅年夏，张海。

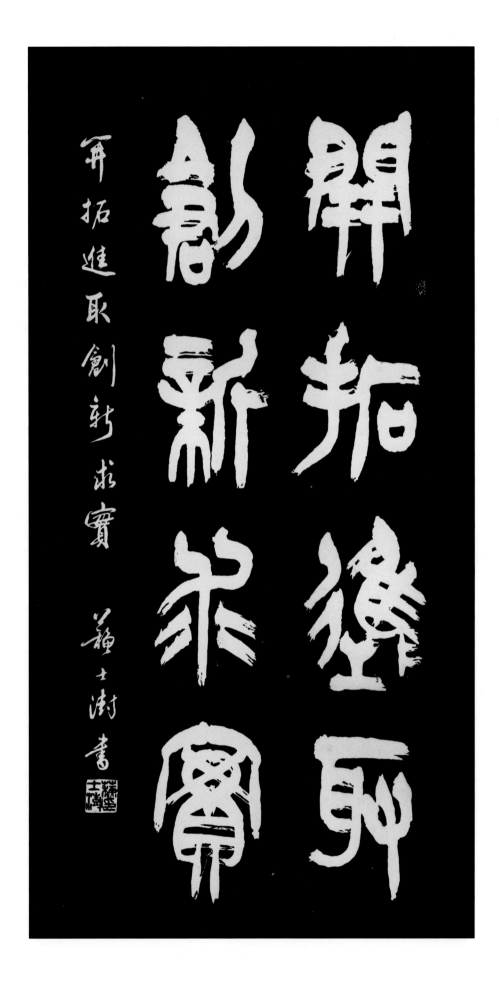

开拓进取 创新求实

开拓进取 创新求实

荆土澍书

苏士澍

苏士澍（1949年—）。北京市人。满族。全国政协常务委员、国家文物局文物出版社名誉社长、全国政协书画室副主任、中国书协主席、中国书画收藏家协会会长、中央国家机关书法家协会主席、中国职工书法家协会会长、国家文物鉴定委员会委员、《书法丛刊》主编、西泠印社理事、中华海外联谊会常务理事。

苏士澍自幼受家庭影响，喜爱书法篆刻，少年时拜刘博琴先生为师，中青年后师从启功先生。多年来从事中国古代书法碑帖的编辑出版工作，组织、策划、编辑和出版了大量有影响力的图书，深受读者欢迎，社会影响广泛。对学术钻研和进取方面，始终有不懈追求，以站在学术前沿的姿态，引领书界求实之风。1997年荣获中国文联"德艺双馨"百家会员称号。1999年荣获国家人事部"有突出贡献中青年专家"称号。2008年荣获新闻出版署第十届韬奋出版奖。

苏士澍积极投身公益事业，关注对青少年的培养，提倡书法教育进课堂等活动。自觉抵制社会上及书界存在的不正之风，廉洁自律，以身作则。

释文：

开拓进取，创新求实。

苏士澍书。